LA FORMA CORRECTA DE CAMBIAR LA CONDUCTA A UN
NIÑO CON AUTISMO

LA FORMA CORRECTA DE CAMBIAR LA CONDUCTA A UN NIÑO CON AUTISMO

Autora
Losvania Pereyra

Índice

Introducción

El autismo, también conocido como Trastorno del Espectro Autista (TEA), es una condición neurológica que afecta la forma en que las personas perciben el mundo y se relacionan con él. Cada niño con autismo es único, con sus propias fortalezas, desafíos y formas de interactuar con su entorno. Esta diversidad dentro del espectro hace que el manejo de las conductas y la promoción de habilidades sean tareas complejas pero profundamente gratificantes.

Este libro ha sido creado como una guía para padres, cuidadores y educadores que buscan comprender mejor las conductas de un niño con autismo y aprender estrategias efectivas para fomentar un comportamiento positivo y funcional. La idea no es cambiar quién es el niño, sino apoyarlo en su crecimiento, ayudándolo a superar desafíos específicos y a desarrollar habilidades que le permitirán interactuar con el mundo de una manera más armoniosa y satisfactoria.

La Importancia de la Comprensión y la Empatía

Antes de abordar cualquier estrategia de intervención, es crucial comprender que las conductas de un niño con autismo son a menudo una forma de comunicación. Muchas veces, los comportamientos que se consideran problemáticos son respuestas a un entorno que el niño encuentra abrumador, confuso o incluso doloroso. Por ello, la primera tarea de cualquier intervención debe ser la de observar, escuchar y tratar de entender el "por qué" detrás de las acciones del niño.

En este libro, exploraremos diferentes métodos para analizar el comportamiento de un niño, siempre desde una perspectiva empática que respete su individualidad y dignidad. Comprender el trasfondo de las conductas no solo nos ayuda a abordarlas de manera más efectiva, sino que también fortalece la relación entre el niño y el adulto, creando un entorno de confianza y seguridad.

Intervenciones Basadas en la Evidencia

Una vez que comprendemos mejor el comportamiento del niño, podemos comenzar a aplicar intervenciones que han demostrado ser efectivas. Este libro se basa en una combinación de prácticas respaldadas por la investigación y enfoques personalizados que pueden adaptarse a las necesidades específicas de cada niño. Nos centraremos en el Análisis Conductual Aplicado (ABA), un enfoque ampliamente reconocido para trabajar con niños con autismo, así como en otras estrategias complementarias.

Es importante destacar que no existe una "talla única" en el manejo de la conducta en el autismo. Lo que funciona para un niño puede no ser eficaz para otro. Por ello, a lo largo de este libro, se ofrecerán diversas técnicas y enfoques, permitiendo que el lector elija y adapte lo que mejor se ajuste a la realidad de su hijo o alumno.

Más Allá de la Conducta: Habilidades Sociales y Comunicación

El manejo de la conducta no es un fin en sí mismo, sino un medio para un fin mayor: ayudar al niño a desarrollar habilidades que le permitan participar plenamente en la vida diaria. Por ello, este libro también aborda aspectos esenciales como la comunicación efectiva y el desarrollo de habilidades sociales. Estas áreas son fundamentales para el bienestar general del niño y su capacidad para formar relaciones significativas con los demás.

La comunicación es la piedra angular de todas las interacciones humanas. Muchos niños con autismo experimentan desafíos en esta área, lo que puede llevar a frustraciones y malentendidos. En las páginas de este libro, exploraremos métodos para mejorar las habilidades de comunicación, incluyendo el uso de sistemas de comunicación aumentativa y alternativa (AAC) para aquellos que tienen dificultades significativas con el lenguaje verbal.

El Papel de la Familia y los Profesionales

El éxito en el manejo de la conducta de un niño con autismo depende en gran medida de la colaboración entre los padres, los profesionales y el entorno educativo. Un enfoque colaborativo asegura que todos los involucrados estén alineados en sus objetivos y métodos, creando una red de apoyo coherente y consistente para el niño.

A lo largo de este libro, se enfatiza la importancia de trabajar en equipo, tanto dentro de la familia como con terapeutas, educadores y otros especialistas. Se ofrecen consejos prácticos sobre cómo ser un defensor eficaz para el niño, cómo comunicarse de manera productiva con los profesionales, y cómo construir un plan de intervención integral que abarque todas las áreas del desarrollo del niño.

Un Viaje de Esperanza y Positividad

Es crucial recordar que el viaje hacia el manejo eficaz de la conducta es un proceso que requiere tiempo, paciencia y, sobre todo, esperanza. Cada pequeño paso adelante es una victoria que debe celebrarse. Este libro no solo ofrece herramientas y estrategias, sino también inspiración y aliento para aquellos momentos en que el camino parece difícil.

Al final del día, el objetivo es simple pero poderoso: ayudar al niño a alcanzar su máximo potencial y a vivir una vida plena y significativa. Con la comprensión, la paciencia y las herramientas adecuadas, es posible marcar una diferencia significativa en la vida de un niño con autismo y en la de quienes lo rodean.

Conclusión de la Introducción

Este libro es tanto un recurso práctico como un compañero de apoyo en el viaje hacia la mejora del comportamiento de un niño con autismo. Esperamos que las páginas que siguen no solo proporcionen conocimiento y herramientas, sino que también ofrezcan esperanza y motivación para seguir adelante, sabiendo que cada esfuerzo realizado es un paso más hacia el logro de un futuro brillante para el niño.

Prólogo

Cuando a un padre o cuidador le informan por primera vez que su hijo ha sido diagnosticado con Trastorno del Espectro Autista (TEA), es posible que experimente una montaña rusa de emociones: desde la confusión y la tristeza hasta el miedo y la incertidumbre sobre el futuro. El autismo es una condición que puede parecer abrumadora al principio, tanto por su complejidad como por la falta de información clara y accesible. Sin embargo, con el tiempo, muchos padres y cuidadores descubren que el conocimiento, la paciencia y el amor incondicional son sus mayores aliados en este viaje.

Este libro nace de la necesidad de brindar una guía práctica y comprensible para aquellos que desean ayudar a un niño con autismo a superar los desafíos que puedan surgir en su vida diaria. Se enfoca en un aspecto crucial del desarrollo de cualquier niño: la conducta. El comportamiento de un niño es una ventana a su mundo interior, una forma de comunicación que a menudo habla más fuerte que las palabras. Para un niño con autismo, este comportamiento puede ser una herramienta esencial para expresar necesidades, deseos o frustraciones que no pueden ser articuladas de otra manera.

El objetivo principal de este libro es proporcionar a padres, cuidadores y educadores las herramientas necesarias para entender y manejar de manera efectiva las conductas de un niño con autismo. No se trata de cambiar quién es el niño o de imponer una "normalidad" que no se ajuste a su ser. Más bien, se trata de comprender las razones detrás de ciertas conductas y de encontrar formas de ayudar al niño a vivir de manera más cómoda y segura en un mundo que a menudo puede ser confuso y abrumador para él.

Un Enfoque Basado en la Evidencia y la Experiencia

En las últimas décadas, hemos visto un progreso significativo en la investigación sobre el autismo y las estrategias para abordar sus desafíos conductuales. Desde el Análisis Conductual Aplicado (ABA) hasta enfoques más holísticos, como la integración sensorial y las terapias de juego, hay un vasto repertorio de técnicas disponibles. Este libro no pretende ser una enciclopedia exhaustiva, sino una guía práctica que seleccione las estrategias más efectivas y adaptables para el uso cotidiano.

Cada capítulo de este libro se ha desarrollado con el objetivo de ser accesible para aquellos que pueden no tener una formación en psicología o terapia, pero que tienen un profundo deseo de ayudar a su hijo. Hemos recopilado experiencias de expertos, historias de éxito de otras familias, y lo hemos combinado con un enfoque basado en la evidencia para ofrecer soluciones que sean tanto prácticas como eficaces.

Más Allá del Comportamiento: Construyendo Puentes de Comunicación y Relación

El manejo de la conducta en un niño con autismo no puede abordarse de manera aislada. Es parte de un proceso más amplio que incluye la mejora de la comunicación y el fortalecimiento de las relaciones. A medida que trabajamos para entender y modificar conductas, también debemos esforzarnos por mejorar la capacidad del niño para expresar sus pensamientos, deseos y emociones de manera que puedan ser comprendidos por quienes lo rodean.

Un aspecto fundamental que abordaremos en este libro es la importancia de la comunicación, ya que es clave para cualquier intervención conductual exitosa. Muchos niños con autismo tienen dificultades para comunicarse de manera convencional, lo que puede conducir a comportamientos frustrantes o desafiantes. Aquí exploraremos diversas herramientas y métodos para ayudar a los niños a comunicar sus necesidades de manera más efectiva, reduciendo así la incidencia de comportamientos problemáticos.

El Viaje de la Familia

Es importante reconocer que el viaje de un niño con autismo no es solo suyo, sino de toda la familia. Los padres, hermanos y otros miembros de la familia desempeñan un papel crucial en el desarrollo del niño. Las dinámicas familiares pueden verse profundamente afectadas por los desafíos del autismo, lo que hace que sea vital abordar las necesidades de la familia en su conjunto.

Este libro también ofrece apoyo para los padres y cuidadores, proporcionándoles recursos para manejar el estrés y las demandas emocionales que pueden surgir. Ser un defensor y apoyo constante para un niño con autismo es un papel increíblemente importante, pero también puede ser agotador. Reconocer las necesidades de autocuidado y buscar el apoyo adecuado es esencial para mantener la fortaleza y el bienestar de toda la familia.

Una Llamada a la Esperanza

El camino que tienes por delante puede ser desafiante, pero también está lleno de oportunidades para el crecimiento, la conexión y el descubrimiento. Cada niño con autismo es una persona única, con un potencial inmenso que espera ser desbloqueado. Este libro es una invitación a ver el viaje no solo como un reto, sino como una oportunidad para aprender y crecer junto a tu hijo.

A lo largo de estas páginas, queremos que encuentres no solo información y estrategias, sino también inspiración y aliento. Hay momentos en que todo parece difícil, pero con cada paso que das hacia adelante, estás creando un futuro más brillante para tu hijo. Las historias de éxito y las herramientas prácticas que aquí se presentan son testimonios de lo que es posible cuando se combinan la comprensión, la paciencia y el amor.

Conclusión del Prólogo

Este libro es más que una guía de estrategias para manejar la conducta; es un recurso integral diseñado para empoderarte como padre, cuidador o educador. Queremos que, al terminar de leerlo, te sientas más preparado, más informado y, sobre todo, más esperanzado sobre el futuro de tu hijo. Juntos, podemos ayudar a que cada niño con autismo alcance su máximo potencial y viva una vida llena de oportunidades, logros y felicidad.

La Importancia de Entender el Autismo

Comprender el autismo es un paso fundamental para cualquier persona que desee apoyar a un niño con Trastorno del Espectro Autista (TEA). Aunque el autismo ha sido cada vez más reconocido en la sociedad, sigue existiendo una considerable falta de conocimiento y una cantidad significativa de malentendidos sobre esta condición. Esto puede llevar a la estigmatización, el aislamiento y, lo que es más preocupante, a la implementación de enfoques ineficaces o incluso perjudiciales para ayudar a los niños que viven con este trastorno.

Entender el autismo no solo es esencial para proporcionar el apoyo adecuado, sino que también es crucial para construir una relación basada en el respeto, la empatía y la confianza. El autismo es un espectro amplio y complejo, lo que significa que no existen dos personas autistas que sean exactamente iguales. Esta diversidad dentro del espectro hace que la comprensión sea más desafiante, pero también más necesaria.

Rompiendo Mitos y Estereotipos

Uno de los mayores obstáculos para la comprensión del autismo es la persistencia de mitos y estereotipos. A menudo, se asume erróneamente que todas las personas con autismo presentan características similares, como una falta total de habilidades sociales, una incapacidad para comunicarse o una tendencia a evitar el contacto visual. Si bien algunas personas con autismo pueden exhibir estos comportamientos, es importante reconocer que estas características no definen a todos los individuos dentro del espectro.

Al romper estos estereotipos, podemos empezar a ver a cada persona con autismo como un individuo único, con su propio conjunto de fortalezas, desafíos, intereses y necesidades. Este enfoque personalizado es fundamental cuando se trabaja para mejorar la conducta y apoyar el desarrollo de un niño con autismo.

La Diversidad del Espectro Autista

El autismo es conocido como un espectro porque abarca un rango amplio de manifestaciones y niveles de severidad. Algunos niños pueden ser completamente no verbales y tener una discapacidad intelectual significativa, mientras que otros pueden ser altamente verbales, intelectualmente dotados, pero enfrentarse a desafíos sociales y sensoriales. Esta variabilidad significa que las estrategias que funcionan para un niño pueden no ser efectivas para otro, lo que subraya la necesidad de un enfoque personalizado y adaptativo.

Entender esta diversidad es clave para evitar expectativas inapropiadas y para diseñar planes de intervención que realmente respondan a las necesidades específicas de cada niño. En lugar de intentar encajar al niño en un molde predefinido, es más efectivo trabajar con sus fortalezas y desafíos únicos.

Autismo y Comunicación: Una Mirada Más Profunda

Uno de los aspectos más importantes de la comprensión del autismo es reconocer que muchos comportamientos que pueden parecer problemáticos son, en realidad, intentos de comunicación. Cuando un niño con autismo se enfrenta a dificultades para expresar sus necesidades, deseos o emociones de manera convencional, puede recurrir a otras formas de comunicación, algunas de las cuales pueden ser malinterpretadas o no entendidas.

Por ejemplo, un niño que grita o tiene una rabieta puede estar expresando su frustración por no ser capaz de comunicar lo que necesita. Un niño que se aísla o evita ciertas situaciones puede estar intentando escapar de un entorno sensorialmente sobrecargado. Al entender estas conductas como intentos de comunicación, podemos responder de manera más efectiva, ayudando al niño a encontrar formas más adecuadas y menos frustrantes de expresarse.

Sensibilidad Sensorial y Autismo

Otro aspecto fundamental en la comprensión del autismo es la sensibilidad sensorial. Muchos niños con autismo experimentan el mundo de una manera que es sensorialmente distinta de la mayoría de las personas. Pueden ser extremadamente sensibles a ciertos sonidos, luces, texturas o sabores, o pueden buscar estímulos sensoriales intensos para sentirse más cómodos.

Esta sensibilidad sensorial puede influir en el comportamiento de maneras que no siempre son obvias. Por ejemplo, un niño que se tapa los oídos en un entorno ruidoso puede estar intentando protegerse de un estímulo doloroso o abrumador. Un niño que busca objetos brillantes o texturas particulares puede estar intentando autorregularse. Al entender estas experiencias sensoriales, podemos hacer ajustes en el entorno del niño que minimicen las dificultades y apoyen su bienestar.

Empatía y Respeto: La Base del Apoyo

Finalmente, la comprensión del autismo requiere un enfoque basado en la empatía y el respeto. Esto significa reconocer que, aunque el comportamiento de un niño con autismo pueda ser diferente del comportamiento típico, sigue siendo una expresión válida de su experiencia y necesidades. En lugar de intentar cambiar al niño para que se ajuste a las expectativas normativas, debemos buscar formas de apoyar su desarrollo y bienestar dentro del contexto de su condición.

La empatía también nos ayuda a ser más pacientes y comprensivos cuando enfrentamos desafíos en la crianza o enseñanza de un niño con autismo. Nos permite ver el mundo desde su perspectiva, comprender sus luchas y celebrar sus logros, por pequeños que parezcan.

Conclusión

Entender el autismo es un proceso continuo que requiere una mente abierta, una disposición para aprender y, sobre todo, un corazón lleno de compasión. Al profundizar en nuestra comprensión del autismo, no solo nos convertimos en mejores cuidadores y educadores, sino que también contribuimos a un mundo más inclusivo y comprensivo. Este conocimiento es la base sobre la cual se pueden construir estrategias efectivas para apoyar el comportamiento y el desarrollo de un niño con autismo, ayudándolo a prosperar en un mundo que está aprendiendo a verlo, entenderlo y valorarlo por quien es.

Objetivo del Libro

El objetivo principal de este libro es proporcionar una guía práctica, accesible y basada en evidencia para ayudar a padres, cuidadores, y educadores a comprender y manejar de manera efectiva las conductas de un niño con Trastorno del Espectro Autista (TEA). Este libro busca empoderar a quienes están involucrados en la vida de un niño con autismo, ofreciéndoles las herramientas y el conocimiento necesarios para apoyar su desarrollo, mejorar su calidad de vida y promover su bienestar emocional y social.

A través de un enfoque integral que combina estrategias de intervención conductual, comunicación efectiva, y la promoción de habilidades sociales, este libro pretende:

1. **Fomentar una Comprensión Profunda del Autismo:** Ayudar a los lectores a entender el autismo desde una perspectiva informada y empática, desmitificando conceptos erróneos y presentando una visión clara y precisa del espectro autista.
2. **Proveer Estrategias Prácticas de Intervención:** Ofrecer técnicas y enfoques basados en la evidencia que pueden ser implementados en el hogar, en la escuela

y en otros entornos para manejar comportamientos desafiantes, apoyar la comunicación y desarrollar habilidades sociales en niños con autismo.

3. **Promover la Comunicación y las Habilidades Sociales:** Enseñar métodos para mejorar la comunicación y la interacción social, ayudando a los niños a expresar sus necesidades y deseos de manera efectiva y a establecer relaciones significativas con quienes los rodean.

4. **Fortalecer el Apoyo Familiar y la Colaboración Profesional:** Guiar a las familias en la construcción de una red de apoyo sólida, trabajando en conjunto con profesionales y educadores para crear un entorno coherente y comprensivo que facilite el desarrollo del niño.

5. **Inspirar Esperanza y Positividad:** Alentar a los padres y cuidadores a ver los desafíos del autismo como oportunidades para el crecimiento, tanto para el niño como para la familia en su conjunto, y proporcionar inspiración a través de historias de éxito y consejos prácticos.

En resumen, este libro pretende ser un recurso integral que no solo informa, sino que también inspira y apoya a aquellos que están en el viaje de ayudar a un niño con autismo a alcanzar su máximo potencial. Con el conocimiento adecuado y un enfoque basado en la comprensión y la empatía, es posible hacer una diferencia significativa en la vida de un niño con autismo y en la de quienes lo rodean.

Capítulo 1: Comprendiendo el Autismo

Introducción

El Trastorno del Espectro Autista (TEA) es una condición neurológica compleja que afecta cómo una persona percibe el mundo y se relaciona con los demás. El autismo no es una enfermedad, sino una condición que acompaña a la persona a lo largo de toda su vida, influyendo en su forma de pensar, sentir y actuar. Para apoyar eficazmente a un niño con autismo, es fundamental comenzar con una comprensión profunda de lo que es el autismo, cómo se manifiesta y qué significa ser parte del espectro autista. Este primer capítulo se enfoca en proporcionar una base sólida de conocimiento sobre el autismo, abordando su definición, características principales, diversidad dentro del espectro, y los mitos y realidades que lo rodean.

1.1 ¿Qué es el Trastorno del Espectro Autista?

El Trastorno del Espectro Autista (TEA) es un trastorno del neurodesarrollo que afecta principalmente la comunicación, la interacción social y el comportamiento. El término "espectro" refleja la amplia variedad de síntomas, habilidades y niveles de discapacidad que pueden ocurrir en las personas con autismo. Algunas personas con TEA pueden vivir de manera independiente, mientras que otras pueden necesitar un apoyo significativo a lo largo de sus vidas.

El TEA es un diagnóstico que abarca varias condiciones previamente consideradas separadas, como el Trastorno Autista, el Síndrome de Asperger y el Trastorno

Desintegrativo Infantil. Estos trastornos ahora se consideran parte de un solo espectro, con diferencias en la gravedad y la manifestación de los síntomas.

1.2 Características Principales del Autismo

Las características del TEA se manifiestan principalmente en tres áreas: la comunicación, la interacción social y el comportamiento. Sin embargo, la forma en que estas características se presentan puede variar significativamente de una persona a otra.

1.2.1 Comunicación

- **Retrasos en el Lenguaje:** Algunos niños con autismo pueden comenzar a hablar más tarde que otros o pueden tener dificultades para desarrollar un lenguaje verbal funcional. Otros pueden desarrollar un lenguaje fluido, pero utilizarlo de manera inusual, como repetir palabras o frases sin un contexto claro (ecolalia).
- **Dificultades en la Comunicación No Verbal:** Muchos niños con autismo tienen dificultades para entender y utilizar el lenguaje no verbal, como gestos, expresiones faciales y contacto visual. Esto puede dificultar la comprensión y expresión de emociones.
- **Intereses y Temas Repetitivos:** Algunos niños con autismo pueden desarrollar un interés intenso en temas específicos y hablar extensamente sobre ellos, sin darse cuenta si el interlocutor comparte su interés.

1.2.2 Interacción Social

- **Dificultades para Relacionarse:** Los niños con autismo pueden tener dificultades para desarrollar y mantener relaciones con sus pares. Pueden parecer distantes o desinteresados en las interacciones sociales, o pueden tener dificultades para entender las normas sociales no expresadas.

- **Falta de Juego Simbólico:** A menudo, los niños con autismo no participan en juegos simbólicos o de imaginación de la misma manera que otros niños de su edad. Pueden preferir actividades solitarias o juegos repetitivos.
- **Resistencia al Cambio:** Muchas personas con autismo prefieren la rutina y pueden mostrar resistencia a los cambios en su entorno o en su rutina diaria. Esto puede manifestarse como ansiedad o conductas desafiantes ante cambios inesperados.

1.2.3 Comportamientos Repetitivos e Intereses Restringidos

- **Movimientos Repetitivos (Estereotipias):** Estos pueden incluir balanceo, aleteo de manos, girar sobre sí mismo u otras conductas repetitivas. Estos movimientos a menudo son una forma de autorregulación sensorial.
- **Rituales y Rutinas:** Las personas con autismo a menudo crean y siguen rutinas estrictas. Cambios en estas rutinas pueden ser extremadamente angustiantes.
- **Intereses Restringidos:** Pueden desarrollar intereses intensos y limitados en temas o actividades específicas, dedicando gran parte de su tiempo a estos intereses.

1.3 La Diversidad dentro del Espectro

El autismo es un espectro, lo que significa que afecta a cada persona de manera diferente. No existen dos personas con autismo que sean exactamente iguales. Esta diversidad dentro del espectro puede ser una de las características más desafiantes y, a la vez, más fascinantes del autismo.

1.3.1 Grados de Severidad

El TEA se clasifica en diferentes niveles de severidad, que indican la cantidad de apoyo que una persona puede necesitar:

- **Nivel 1: Necesita Apoyo:** Las personas con autismo de nivel 1 pueden tener dificultades para iniciar y responder a la interacción social, así como para organizar y planificar. Pueden llevar una vida bastante independiente con apoyo mínimo.

- **Nivel 2: Necesita Apoyo Sustancial:** Las personas en este nivel necesitan apoyo significativo para las interacciones sociales y para manejar los comportamientos repetitivos y los cambios en la rutina.
- **Nivel 3: Necesita Apoyo Muy Sustancial:** Las personas con autismo de nivel 3 necesitan apoyo intensivo en todas las áreas de la vida diaria. Pueden ser no verbales o tener habilidades comunicativas muy limitadas.

1.3.2 Autismo y Coexistencia de Otros Trastornos

Muchas personas con autismo también experimentan otras condiciones médicas o psiquiátricas, como trastornos de ansiedad, epilepsia, trastorno por déficit de atención con hiperactividad (TDAH), trastornos del sueño, y problemas gastrointestinales. La coexistencia de estas condiciones puede complicar el manejo del autismo y requiere un enfoque integral para el cuidado y la intervención.

1.3.3 Habilidades y Fortalezas

Es importante destacar que las personas con autismo también pueden tener fortalezas significativas. Algunos pueden tener habilidades excepcionales en áreas como la memoria, la música, las matemáticas, o las habilidades visuales y espaciales. Estas habilidades pueden ser aprovechadas y desarrolladas como parte de su educación y su plan de intervención.

1.4 Mitos y Realidades del Autismo

Existen muchos mitos sobre el autismo que contribuyen a la incomprensión y estigmatización de las personas dentro del espectro. Es crucial abordar y desmentir estos mitos para fomentar una comprensión más precisa y compasiva del autismo.

1.4.1 Mito: "Las personas con autismo no tienen emociones."

Realidad: Las personas con autismo sienten emociones intensas, pero pueden tener dificultades para expresarlas de manera que otros entiendan. La percepción de falta de emociones a menudo surge de diferencias en la expresión emocional y no de la ausencia de emociones.

1.4.2 Mito: "El autismo es causado por una mala crianza."

Realidad: El autismo no es causado por la crianza, las vacunas o la dieta. Es una condición neurológica con una base genética y posiblemente factores ambientales. La idea de que la mala crianza causa autismo ha sido ampliamente desacreditada.

1.4.3 Mito: "Las personas con autismo no quieren amigos."

Realidad: Muchas personas con autismo desean tener amigos, pero pueden encontrar difícil navegar las complejidades de la interacción social. Con el apoyo adecuado, pueden desarrollar relaciones significativas.

1.4.4 Mito: "Todas las personas con autismo son genios o tienen habilidades especiales."

Realidad: Si bien algunas personas con autismo pueden tener habilidades excepcionales, no todas lo tienen. Cada persona es única y tiene su propio conjunto de fortalezas y desafíos.

1.5 La Importancia de una Perspectiva Empática y Basada en la Evidencia

Comprender el autismo desde una perspectiva empática es crucial para cualquier intervención o estrategia de apoyo. La empatía nos permite ver más allá de los comportamientos y síntomas, para reconocer la humanidad completa de cada individuo con autismo. Además, basar nuestras acciones y decisiones en evidencia científica asegura que las intervenciones que aplicamos sean efectivas y seguras.

1.5.1 La Empatía como Base del Apoyo

La empatía nos ayuda a relacionarnos con las experiencias de los niños con autismo y a responder a sus necesidades de manera más compasiva y efectiva. Nos permite apreciar la complejidad de sus desafíos y reconocer la importancia de crear un entorno de apoyo que respete su individualidad.

1.5.2 Intervenciones Basadas en la Evidencia

El uso de intervenciones basadas en la evidencia es esencial para garantizar que estamos proporcionando el mejor apoyo posible. Esto significa elegir estrategias que hayan demostrado ser efectivas a través de la investigación científica y adaptarlas a las necesidades individuales del niño.

Conclusión del Capítulo 1

Comprender el autismo es el primer y más importante paso para apoyar a un niño dentro del espectro. Este capítulo ha proporcionado una visión general del TEA, destacando su diversidad, características y los mitos que a menudo lo rodean. Con este conocimiento, los padres, cuidadores y educadores pueden acercarse al autismo con una mente abierta y un corazón lleno de compasión, preparados para ayudar a los niños a desarrollar todo su potencial. Este fundamento será crucial a medida que avancemos en el libro, explorando estrategias específicas para manejar la conducta, mejorar la comunicación y promover el desarrollo integral de un niño con autismo.

Capítulo 2: Diagnóstico y Evaluación del Autismo

Introducción

El diagnóstico y la evaluación del Trastorno del Espectro Autista (TEA) son pasos críticos en el proceso de comprender y apoyar a un niño con autismo. Este capítulo está diseñado para guiar a los padres, cuidadores y educadores a través del complejo proceso de identificación del autismo, desde las primeras señales de alerta hasta la confirmación del diagnóstico y la evaluación continua. Con un diagnóstico preciso y una evaluación completa, es posible desarrollar un plan de intervención personalizado que responda a las necesidades únicas de cada niño.

2.1 Reconociendo las Señales Tempranas

El autismo puede manifestarse de diferentes maneras en los niños, y los signos tempranos pueden variar considerablemente. Sin embargo, hay ciertos indicadores que, si se observan, pueden sugerir la necesidad de una evaluación más detallada.

2.1.1 Señales de Alerta en la Infancia

- **Retrasos en el Desarrollo del Lenguaje:** Los retrasos en el balbuceo, las primeras palabras y la formación de frases son signos tempranos comunes. Un niño que no está usando palabras significativas a los 16 meses o frases de dos palabras a los 24 meses puede requerir una evaluación adicional.

- **Falta de Interacción Social:** La falta de sonrisa social, el escaso contacto visual, la ausencia de juego de imitación (como el juego de "cucú") y la poca o nula respuesta a su nombre pueden ser señales tempranas de autismo.
- **Comportamientos Repetitivos:** Movimientos repetitivos como aleteo de manos, balanceo del cuerpo, o fijación en objetos específicos pueden aparecer en la infancia temprana.

2.1.2 Señales en Niños Pequeños y en Edad Preescolar

- **Dificultades en el Juego Simbólico:** Los niños con autismo a menudo tienen dificultades para participar en juegos de simulación o imitación, prefiriendo actividades repetitivas o basadas en reglas estrictas.
- **Resistencia al Cambio:** Un niño que muestra angustia intensa ante cambios en la rutina o que insiste en seguir patrones rígidos de comportamiento podría estar mostrando signos de autismo.
- **Desarrollo Social Atípico:** La falta de interés en jugar con otros niños, el aislamiento social y la falta de respuesta a los intentos de interacción social son señales importantes en niños en edad preescolar.

2.2 El Proceso de Diagnóstico

El diagnóstico del autismo es un proceso multidisciplinario que generalmente involucra a varios profesionales, incluyendo pediatras, psicólogos, neurólogos, y terapeutas del habla. La evaluación completa es crucial para un diagnóstico preciso y para entender el perfil único de cada niño.

2.2.1 Quién Puede Diagnosticar el Autismo

El diagnóstico del autismo generalmente es realizado por un equipo de especialistas. Los profesionales más comunes involucrados en el diagnóstico incluyen:

- **Pediatras del Desarrollo:** Especialistas en el desarrollo infantil que pueden identificar retrasos o desviaciones en el desarrollo típico.
- **Psicólogos Infantiles:** Profesionales que evalúan el comportamiento, las habilidades sociales y emocionales, y la cognición.
- **Neurólogos Pediátricos:** Especialistas en el sistema nervioso que pueden ayudar a identificar cualquier condición neurológica subyacente.
- **Terapeutas del Habla y Lenguaje:** Evaluadores de las habilidades de comunicación verbal y no verbal, fundamentales en el diagnóstico del TEA.

2.2.2 Herramientas y Evaluaciones Utilizadas

El diagnóstico de autismo se basa en la observación clínica y en el uso de herramientas de evaluación estandarizadas. Algunas de las herramientas más comúnmente utilizadas incluyen:

- **Entrevista de Diagnóstico para el Autismo Revisada (ADI-R):** Una entrevista estructurada con los padres que explora el desarrollo temprano, la comunicación, la interacción social y los comportamientos repetitivos del niño.
- **Escala de Observación para el Diagnóstico del Autismo (ADOS):** Una evaluación observacional que analiza el comportamiento del niño en situaciones estructuradas para identificar signos de autismo.
- **Cuestionarios de Desarrollo y Comportamiento:** Herramientas como el M-CHAT (Modified Checklist for Autism in Toddlers) que se utilizan para detectar signos de autismo en niños pequeños.
- **Evaluaciones Cognitivas y de Desarrollo:** Pruebas que evalúan las habilidades cognitivas, el razonamiento, y el funcionamiento general del niño para entender su perfil de desarrollo.

2.3 El Impacto del Diagnóstico en la Familia

El diagnóstico de autismo puede ser un momento de gran impacto emocional para las familias. Entender las reacciones comunes y cómo manejarlas es crucial para proporcionar el mejor apoyo tanto al niño como a sus padres y cuidadores.

2.3.1 Reacciones Comunes al Diagnóstico

- **Negación y Shock:** Es común que los padres experimenten una etapa de negación o shock al recibir el diagnóstico de autismo. Esto puede estar acompañado por sentimientos de incredulidad o confusión.
- **Tristeza y Duelo:** Muchos padres atraviesan un proceso de duelo, lamentando las expectativas y sueños que tenían para su hijo antes del diagnóstico.
- **Ansiedad y Miedo al Futuro:** El diagnóstico puede desencadenar preocupaciones sobre el futuro del niño, incluyendo su bienestar, su educación y su capacidad para llevar una vida independiente.
- **Aceptación y Empoderamiento:** Con el tiempo, muchos padres llegan a aceptar el diagnóstico y se sienten empoderados para tomar acciones que apoyen el desarrollo de su hijo.

2.3.2 El Rol del Apoyo Psicológico

El apoyo psicológico es fundamental para ayudar a las familias a manejar el impacto emocional del diagnóstico. Esto puede incluir:

- **Consejería Familiar:** Para ayudar a los padres y otros miembros de la familia a procesar sus emociones y a adaptarse al diagnóstico de su hijo.

- **Grupos de Apoyo:** Unirse a grupos de padres que están pasando por experiencias similares puede ofrecer consuelo, comprensión y estrategias prácticas.
- **Educación y Capacitación:** Proporcionar a los padres la información y las herramientas necesarias para apoyar a su hijo de manera efectiva.

2.4 Evaluación Continua y Monitoreo

El autismo es una condición que evoluciona con el tiempo, y las necesidades de un niño pueden cambiar a medida que crece. Por esta razón, la evaluación y el monitoreo continuos son esenciales para asegurar que el plan de intervención siga siendo relevante y efectivo.

2.4.1 Evaluaciones Periódicas

- **Evaluaciones de Desarrollo:** Realizar evaluaciones periódicas para monitorear el progreso del niño en áreas clave como la comunicación, las habilidades sociales y la adaptabilidad.
- **Evaluaciones Educativas:** Colaborar con educadores y especialistas en educación para ajustar las estrategias de enseñanza y los entornos de aprendizaje según las necesidades del niño.
- **Evaluaciones de Salud:** Monitorear la salud general del niño, incluyendo cualquier condición médica comórbida que pueda afectar su bienestar y desarrollo.

2.4.2 Ajuste de Intervenciones

- **Adaptación de Terapias:** Las terapias y los enfoques de intervención deben ajustarse a medida que el niño crece y sus necesidades cambian. Esto puede incluir modificar las técnicas de intervención, cambiar los objetivos terapéuticos, o introducir nuevas terapias basadas en el desarrollo del niño.

- **Colaboración Multidisciplinaria:** Mantener una colaboración estrecha entre los padres, educadores, terapeutas y médicos para garantizar que todos estén alineados en el enfoque y las estrategias utilizadas.
- **Involucrar al Niño:** A medida que el niño crece, es importante involucrarlo en el proceso de toma de decisiones, enseñándole a abogar por sí mismo y a participar activamente en su propio cuidado y desarrollo.

2.5 El Rol de la Familia en el Proceso de Diagnóstico y Evaluación

Los padres y cuidadores son los mayores defensores y recursos para un niño con autismo. Su participación activa en el proceso de diagnóstico y evaluación es crucial para asegurar que el niño reciba el apoyo adecuado.

2.5.1 La Importancia de la Observación Parental

Los padres son los que mejor conocen a su hijo, y sus observaciones son fundamentales para el proceso de diagnóstico. Mantener un registro detallado de las conductas, habilidades y desafíos del niño puede proporcionar información valiosa a los profesionales.

2.5.2 Colaboración con los Profesionales

Es importante que los padres se sientan empoderados para colaborar y comunicarse abiertamente con los profesionales que evalúan a su hijo. Esto incluye hacer preguntas, compartir preocupaciones y trabajar juntos para desarrollar un plan de intervención que sea realista y efectivo.

2.5.3 Abogacía y Apoyo

Los padres a menudo deben desempeñar el rol de defensores de su hijo, asegurando que reciba las evaluaciones, servicios y apoyos necesarios. Esto puede implicar navegar por sistemas de salud y educación, buscar segundas opiniones, y abogar por adaptaciones o recursos específicos.

Conclusión del Capítulo 2

El diagnóstico y la evaluación del autismo son procesos cruciales que sientan las bases para el apoyo y la intervención efectiva. Este capítulo ha proporcionado una visión detallada de cómo reconocer las señales tempranas, el proceso de diagnóstico, y la importancia de la evaluación continua. Al comprender y participar activamente en estos procesos, los padres, cuidadores y educadores pueden asegurarse de que cada niño con autismo reciba

Capítulo 3: Estrategias de Intervención y Tratamiento

Introducción

Una vez que un niño ha sido diagnosticado con Trastorno del Espectro Autista (TEA), el siguiente paso crucial es la implementación de estrategias de intervención y tratamiento que aborden sus necesidades específicas. El objetivo principal de las intervenciones es mejorar la calidad de vida del niño, promoviendo su desarrollo en áreas clave como la comunicación, la interacción social, y la conducta adaptativa. Este capítulo se centra en las diversas estrategias de intervención disponibles, desde terapias basadas en la evidencia hasta enfoques complementarios, y ofrece orientación sobre cómo seleccionar y aplicar estas intervenciones para obtener los mejores resultados.

3.1 Intervenciones Basadas en la Evidencia

Las intervenciones basadas en la evidencia son aquellas que han demostrado ser efectivas a través de la investigación científica. Estas intervenciones se consideran el estándar de oro en el tratamiento del autismo y son ampliamente recomendadas por profesionales de la salud y la educación.

3.1.1 Análisis Conductual Aplicado (ABA)

El Análisis Conductual Aplicado (ABA) es una de las intervenciones más ampliamente utilizadas para tratar el autismo. ABA se basa en principios del aprendizaje y utiliza técnicas de reforzamiento para mejorar comportamientos específicos y reducir conductas no deseadas.

- **Principios Básicos:** ABA se enfoca en aumentar comportamientos deseables (como el uso del lenguaje) y disminuir comportamientos problemáticos (como las autolesiones) a través de la enseñanza estructurada y el reforzamiento positivo.
- **Aplicaciones Prácticas:** ABA puede aplicarse en una variedad de contextos, desde sesiones individuales intensivas hasta entornos naturales como la escuela o el hogar. Los programas de ABA son altamente personalizados y pueden incluir objetivos específicos como el desarrollo de habilidades de comunicación, la mejora de la interacción social, y la enseñanza de habilidades para la vida diaria.
- **Controversias y Consideraciones:** Aunque ABA es ampliamente utilizado, también ha sido objeto de controversia. Algunos defensores del autismo argumentan que ABA puede ser demasiado rígido o centrado en la conformidad. Es importante que los programas de ABA sean respetuosos de la individualidad del niño y se adapten a sus necesidades y preferencias.

3.1.2 Intervención en Desarrollo y Relación (DIR)/Modelo Floortime

El Modelo DIR/Floortime se enfoca en fomentar el desarrollo emocional y relacional del niño. A diferencia de ABA, que se centra en el comportamiento, DIR/Floortime enfatiza la importancia de las relaciones emocionales y la interacción social en el desarrollo del niño.

- **Principios Básicos:** DIR/Floortime se basa en la idea de que las experiencias emocionales y relacionales son fundamentales para el desarrollo. Los padres y terapeutas trabajan para involucrar al niño en interacciones que promuevan el desarrollo emocional y social, siguiendo el liderazgo del niño y entrando en su mundo.

- **Aplicaciones Prácticas:** Las sesiones de Floortime suelen ser menos estructuradas que ABA, centrándose en el juego y la interacción natural. El objetivo es fortalecer la capacidad del niño para regular sus emociones, formar relaciones y pensar de manera lógica.

- **Evidencia y Resultados:** Aunque DIR/Floortime ha demostrado ser beneficioso para muchos niños, la investigación sobre su efectividad es menos extensa que la de ABA. Sin embargo, muchos padres encuentran este enfoque valioso debido a su enfoque en la individualidad y la relación.

3.1.3 Comunicación Total y Sistemas Alternativos y Aumentativos de Comunicación (SAAC)

Para los niños con autismo que tienen dificultades significativas en la comunicación verbal, los sistemas alternativos y aumentativos de comunicación (SAAC) pueden ser una herramienta esencial.

- **PECS (Sistema de Comunicación por Intercambio de Imágenes):** Un sistema basado en imágenes que permite a los niños comunicarse utilizando tarjetas visuales. PECS es especialmente útil para niños que tienen dificultades para desarrollar el lenguaje verbal.

- **Dispositivos de Comunicación:** Dispositivos electrónicos que permiten a los niños comunicarse mediante la selección de palabras o imágenes. Estos dispositivos pueden variar desde simples tableros de comunicación hasta dispositivos de alta tecnología como los que utilizan software de generación de voz.
- **Lengua de Señas:** Para algunos niños, aprender la lengua de señas puede ser una alternativa efectiva al lenguaje verbal. Aunque no es una solución para todos, puede ser una herramienta útil en el repertorio de comunicación de un niño.
- **Implementación y Capacitación:** Es crucial que tanto los niños como sus familias reciban la capacitación adecuada para usar estos sistemas de manera efectiva. La consistencia en el uso de los SAAC en diferentes entornos también es importante para maximizar su efectividad.

3.1.4 Terapia Ocupacional (TO)

La Terapia Ocupacional (TO) se enfoca en ayudar a los niños a desarrollar habilidades necesarias para la vida diaria, incluyendo habilidades motoras finas, integración sensorial, y la capacidad de participar en actividades de la vida cotidiana.

- **Integración Sensorial:** Muchos niños con autismo tienen sensibilidades sensoriales que pueden interferir con su capacidad para funcionar en entornos típicos. La TO puede ayudar a los niños a manejar estas sensibilidades y mejorar su capacidad para participar en actividades escolares, de juego y de vida diaria.
- **Habilidades Motoras Finas:** Los terapeutas ocupacionales trabajan para mejorar la destreza manual y la coordinación, habilidades que son esenciales para actividades como escribir, vestirse y alimentarse.
- **Participación en la Vida Diaria:** La TO también puede enfocarse en mejorar la capacidad del niño para participar en actividades diarias como el juego, la socialización y la higiene personal.

3.2 Intervenciones Complementarias

Además de las intervenciones basadas en la evidencia, existen muchas terapias complementarias que pueden ser beneficiosas para los niños con autismo. Aunque estas intervenciones no reemplazan a las terapias tradicionales, pueden complementar el tratamiento general y mejorar el bienestar del niño.

3.2.1 Terapia del Arte

La terapia del arte utiliza la expresión creativa como una forma de comunicación y autoexploración. Para los niños con autismo, que a menudo tienen dificultades para expresar sus emociones verbalmente, el arte puede ser una vía valiosa para la autoexpresión.

- **Beneficios Emocionales:** La terapia del arte puede ayudar a los niños a procesar sus emociones, reducir la ansiedad y mejorar su autoestima.
- **Desarrollo de Habilidades:** A través del arte, los niños también pueden mejorar sus habilidades motoras finas y su capacidad para concentrarse y seguir instrucciones.
- **Expresión No Verbal:** Para los niños que tienen dificultades con la comunicación verbal, el arte proporciona una manera de expresarse y conectarse con los demás.

3.2.2 Terapia Asistida con Animales

La terapia asistida con animales, como la equinoterapia (terapia con caballos) o la terapia con perros, se basa en la interacción con animales para promover el desarrollo emocional, social y físico.

- **Beneficios Sociales y Emocionales:** Interactuar con animales puede ayudar a los niños a desarrollar habilidades sociales, reducir la ansiedad y mejorar su capacidad para formar relaciones.
- **Desarrollo Físico:** La equinoterapia, en particular, puede mejorar el equilibrio, la coordinación y la fuerza muscular.
- **Sensibilidades Sensoriales:** Trabajar con animales también puede ayudar a los niños a manejar sensibilidades sensoriales, proporcionando una experiencia sensorial controlada y positiva.

3.2.3 Musicoterapia

La musicoterapia utiliza la música como herramienta para promover el desarrollo cognitivo, emocional y social. La música puede ser especialmente poderosa para los niños con autismo, quienes a menudo responden positivamente a los estímulos musicales.

- **Desarrollo del Lenguaje:** La musicoterapia puede ayudar a mejorar las habilidades de comunicación, especialmente en niños que tienen dificultades para desarrollar el lenguaje verbal.
- **Regulación Emocional:** La música puede ser utilizada para ayudar a los niños a regular sus emociones, reduciendo la ansiedad y promoviendo la calma.
- **Participación Social:** A través de actividades musicales en grupo, los niños pueden desarrollar habilidades sociales y aprender a interactuar con sus compañeros.

3.3 Enfoques Personalizados y Multidisciplinarios

Cada niño con autismo es único, y las estrategias de intervención deben ser personalizadas para reflejar sus necesidades y fortalezas individuales. Un enfoque multidisciplinario, que involucre a un equipo de profesionales de diferentes disciplinas, es a menudo el más efectivo.

3.3.1 Desarrollo de un Plan de Intervención Individualizado (PII)

Un Plan de Intervención Individualizado (PII) es un documento que detalla los objetivos específicos de intervención para un niño con autismo, así como las estrategias y terapias que se utilizarán para alcanzar esos objetivos.

- **Evaluación Inicial:** El primer paso en el desarrollo de un PII es una evaluación exhaustiva de las necesidades del niño, realizada por un equipo de profesionales que puede incluir terapeutas, educadores, psicólogos y médicos.
- **Objetivos Personalizados:** Los objetivos del PII deben ser específicos, medibles, alcanzables, relevantes y basados en el tiempo (SMART). Estos objetivos pueden abarcar áreas como la comunicación, la interacción social, el comportamiento, y las habilidades académicas.
- **Monitoreo y Revisión:** Un PII no es un documento estático; debe ser revisado y ajustado regularmente para reflejar el progreso del niño y cualquier cambio en sus necesidades.

3.3.2 La Importancia de la Colaboración Familiar

La colaboración familiar es un pilar fundamental en el apoyo y desarrollo de un niño con Trastorno del Espectro Autista (TEA). La participación activa y coordinada de todos los miembros de la familia puede marcar una gran diferencia en la efectividad de las intervenciones y en la calidad de vida del niño. Este capítulo explora cómo la colaboración familiar contribuye al éxito de las estrategias de intervención, cómo establecer una comunicación efectiva y cómo construir un equipo familiar sólido que trabaje en conjunto hacia objetivos comunes.

Capítulo 4: El Rol de la Familia en el Proceso de Intervención

Introducción

El entorno familiar es uno de los factores más influyentes en el desarrollo de un niño con Trastorno del Espectro Autista (TEA). La familia no solo proporciona amor y apoyo emocional, sino que también juega un papel crucial en la implementación de estrategias de intervención y en la creación de un ambiente propicio para el crecimiento y la autonomía del niño. Este capítulo explora en profundidad el rol que desempeña la familia en el proceso de intervención, destacando la importancia de la participación activa, la educación continua y el apoyo emocional mutuo.

4.1 La Importancia del Entorno Familiar

El entorno familiar es el primer y más constante entorno en el que un niño con autismo interactúa. La manera en que la familia responde al diagnóstico, y cómo apoya las necesidades del niño, puede tener un impacto significativo en el éxito de las intervenciones y en el bienestar general del niño.

4.1.1 Respuesta Inicial al Diagnóstico

El momento del diagnóstico de autismo puede ser desafiante para cualquier familia. Las reacciones emocionales pueden variar ampliamente, desde la negación y el miedo hasta la aceptación y la determinación de encontrar los mejores recursos para apoyar al niño.

- **Procesamiento Emocional:** Es común que los padres experimenten una gama de emociones, incluidas la tristeza, la culpa, la confusión y la preocupación por el futuro. Es esencial que se tomen el tiempo necesario para procesar estas emociones y buscar apoyo cuando sea necesario.
- **Búsqueda de Información:** Tras el diagnóstico, muchas familias sienten la necesidad de informarse rápidamente sobre el autismo y las posibles intervenciones. Buscar información de fuentes confiables y consultar a profesionales puede ayudar a los padres a tomar decisiones informadas.
- **Aceptación y Empoderamiento:** A medida que los padres se familiarizan con el autismo y comprenden mejor las necesidades de su hijo, muchos experimentan un cambio hacia la aceptación y el empoderamiento. Este estado

de aceptación es clave para involucrarse plenamente en el proceso de intervención.

4.1.2 El Impacto en la Dinámica Familiar

El diagnóstico de autismo puede afectar a toda la familia, incluyendo a los hermanos, abuelos y otros parientes cercanos. Comprender y gestionar estas dinámicas es crucial para mantener un entorno familiar saludable y unificado.

- **Impacto en los Hermanos:** Los hermanos de un niño con autismo pueden experimentar una variedad de sentimientos, desde preocupación y celos hasta responsabilidad y orgullo. Es importante que los hermanos reciban atención y apoyo emocional, y que se les anime a expresar sus sentimientos y necesidades.
- **Relaciones Maritales:** El estrés asociado con el cuidado de un niño con autismo puede afectar la relación de pareja. Mantener una comunicación abierta y buscar tiempo para nutrir la relación es fundamental para el bienestar de ambos padres.
- **Involucramiento de la Familia Extensa:** Los abuelos, tíos y otros familiares pueden desempeñar un papel de apoyo en el cuidado del niño con autismo. Educar a la familia extensa sobre el autismo y las necesidades del niño puede ayudar a crear un entorno de apoyo más amplio.

4.2 Estrategias de Intervención en el Hogar

La intervención en el hogar es una parte esencial del tratamiento del autismo. Aunque las terapias profesionales son cruciales, la implementación de estrategias en el hogar puede reforzar el progreso y ayudar al niño a generalizar las habilidades aprendidas en diferentes contextos.

4.2.1 Creación de un Ambiente Estructurado y Predecible

Los niños con autismo a menudo prosperan en entornos que son estructurados y predecibles. La creación de una rutina diaria clara y consistente puede ayudar a reducir la ansiedad y mejorar la capacidad del niño para participar en actividades diarias.

- **Rutinas Diarias:** Establecer horarios regulares para actividades como comer, dormir, estudiar y jugar puede ayudar al niño a entender lo que se espera de él en diferentes momentos del día.
- **Estrategias Visuales:** El uso de apoyos visuales, como horarios pictóricos o tableros de tareas, puede ayudar al niño a comprender y anticipar las actividades del día. Estos apoyos son especialmente útiles para los niños con dificultades de comunicación.
- **Ambiente Físico:** Adaptar el entorno físico del hogar para que sea seguro y accesible es importante. Esto puede incluir la creación de espacios específicos para actividades como el juego, el estudio o la relajación.

4.2.2 Participación Activa en las Terapias

Los padres y cuidadores pueden participar activamente en las terapias de su hijo, ya sea como observadores, colaboradores o implementadores de estrategias terapéuticas en el hogar.

- **Colaboración con Terapeutas:** Mantener una comunicación abierta y regular con los terapeutas del niño es esencial para asegurar la consistencia entre la intervención en el hogar y las sesiones de terapia. Los padres pueden aprender técnicas y estrategias que luego pueden aplicar en el hogar.
- **Práctica de Habilidades:** La práctica de habilidades en el hogar, como la comunicación, las habilidades sociales o las actividades de la vida diaria, puede reforzar lo que el niño aprende en terapia. Es importante hacer de esta práctica una parte regular de la vida diaria, pero también mantenerla divertida y libre de presión excesiva.

- **Capacitación Continua:** Los padres pueden beneficiarse de la capacitación continua en estrategias de intervención, ya sea a través de talleres, cursos en línea o sesiones con terapeutas. Esta capacitación les permite mantenerse actualizados sobre las mejores prácticas y adaptar las estrategias según sea necesario.

4.2.3 Fomento de la Independencia y la Autoeficacia

Uno de los objetivos principales de la intervención es fomentar la independencia del niño y su capacidad para funcionar de manera autónoma en la vida diaria. El hogar es un lugar ideal para trabajar en estas habilidades.

- **Habilidades para la Vida Diaria:** Enseñar y practicar habilidades como vestirse, asearse, preparar comidas simples y gestionar el tiempo son fundamentales para la independencia. Los padres pueden comenzar enseñando estas habilidades en un entorno estructurado y luego permitir que el niño asuma más responsabilidad a medida que adquiere confianza.
- **Tomar Decisiones:** Involucrar al niño en la toma de decisiones, ya sea eligiendo qué ropa usar o qué actividad realizar, puede ayudar a desarrollar la autoconfianza y la autoeficacia.
- **Manejo de Comportamientos Desafiantes:** Los padres también deben estar preparados para manejar comportamientos desafiantes que pueden surgir a medida que el niño trabaja hacia la independencia. Es importante utilizar estrategias consistentes y basadas en la evidencia para abordar estos comportamientos.

4.3 Educación y Capacitación para Padres y Cuidadores

La educación y la capacitación son elementos clave para empoderar a los padres y cuidadores en su papel en la intervención. Al equiparse con el conocimiento y las habilidades necesarias, las familias pueden proporcionar un apoyo más efectivo y adaptado a las necesidades de su hijo.

4.3.1 Programas de Capacitación para Padres

Existen numerosos programas de capacitación diseñados específicamente para padres de niños con autismo. Estos programas suelen ofrecer una combinación de educación sobre el autismo, estrategias de intervención, y apoyo emocional.

- **Contenido de la Capacitación:** Los programas de capacitación para padres pueden incluir temas como la gestión del comportamiento, el desarrollo de habilidades sociales, la comunicación, y la promoción de la independencia. Algunos programas también abordan cómo manejar el estrés y mantener el bienestar familiar.
- **Formato de los Programas:** La capacitación puede realizarse en diferentes formatos, incluyendo talleres presenciales, cursos en línea, y grupos de apoyo. Es importante que los padres elijan el formato que mejor se adapte a sus necesidades y disponibilidad.
- **Impacto de la Capacitación:** La investigación ha demostrado que los programas de capacitación para padres pueden mejorar tanto las habilidades de intervención de los padres como los resultados para los niños. Además, la capacitación puede ayudar a reducir el estrés parental y mejorar la cohesión familiar.

4.3.2 Educación Continua y Recursos

El autismo es un campo en constante evolución, con nuevas investigaciones y enfoques que emergen regularmente. La educación continua es esencial para que los padres y cuidadores se mantengan informados y puedan adaptar sus estrategias a las necesidades cambiantes de su hijo.

- **Acceso a la Información:** Los padres deben tener acceso a recursos actualizados sobre el autismo, incluyendo libros, artículos, y conferencias. Las organizaciones especializadas en autismo y los grupos de apoyo pueden ser fuentes valiosas de información.
- **Redes de Apoyo:** Participar en redes de apoyo, como grupos de padres o comunidades en línea, puede proporcionar a las familias un espacio para compartir experiencias, aprender de otros y recibir apoyo emocional.

- **Consultas con Profesionales:** Las consultas regulares con profesionales, como terapeutas, educadores y médicos, también son importantes para asegurar que las estrategias de intervención se mantengan efectivas y alineadas con las necesidades del niño.

4.4 Manejo del Estrés y el Cuidado de los Cuidadores

Cuidar a un niño con autismo puede ser exigente y, a menudo, estresante. Es crucial que los padres y cuidadores también cuiden de su propio bienestar para poder proporcionar el mejor apoyo posible a su hijo.

4.4.1 Estrategias de Autocuidado

El autocuidado es fundamental para manejar el estrés y mantener un equilibrio saludable entre las demandas del cuidado y el bienestar personal.

- **Tiempo Personal:** Es importante que los padres y cuidadores se tomen tiempo

Capítulo 5: Manejo de Crisis

Introducción

El manejo de crisis es una parte esencial del cuidado de un niño con Trastorno del Espectro Autista (TEA). Las crisis pueden variar desde episodios de conducta desafiante hasta emergencias médicas o emocionales. Prepararse y saber cómo manejar estas situaciones de manera efectiva puede minimizar el impacto en el niño y en la familia, y asegurar una respuesta adecuada y segura. Este capítulo explora las estrategias para prevenir, gestionar y recuperarse de crisis, proporcionando herramientas y enfoques que los padres y cuidadores pueden utilizar para manejar situaciones difíciles con eficacia.

5.1 Comprensión de las Crisis en el Contexto del TEA

Las crisis en el contexto del TEA pueden manifestarse de diversas formas, dependiendo de las características individuales del niño y de los factores desencadenantes. Comprender las posibles causas y manifestaciones de las crisis es el primer paso para manejarlas de manera efectiva.

5.1.1 Tipos Comunes de Crisis

- **Crisis de Conducta:** Estos episodios pueden incluir rabietas, agresiones, autolesiones, o comportamiento destructivo. Las crisis de conducta a menudo son una respuesta a estímulos externos, frustración, o dificultades de comunicación.
- **Crisis Médica:** Las emergencias médicas pueden incluir convulsiones, reacciones alérgicas severas, o problemas de salud graves. Los niños con autismo pueden tener un mayor riesgo de ciertas condiciones médicas que requieren atención inmediata.
- **Crisis Emocional:** Los episodios de ansiedad, angustia o pánico pueden ser especialmente intensos en niños con autismo debido a la dificultad para procesar y expresar emociones. Estos episodios pueden desencadenarse por cambios en la rutina, eventos estresantes, o dificultades de adaptación.

- **Crisis Sensorial:** Los niños con autismo pueden ser altamente sensibles a estímulos sensoriales. Una sobrecarga sensorial puede llevar a una crisis, con reacciones como gritos, llanto o comportamientos evasivos.

5.1.2 Factores Desencadenantes Comunes

- **Cambios en la Rutina:** Los cambios inesperados en la rutina diaria o en el entorno pueden ser estresantes para los niños con autismo, causando ansiedad y crisis.
- **Sobreestimulación Sensorial:** Ambientes ruidosos, luces brillantes, o texturas incómodas pueden sobrecargar los sentidos del niño y provocar una crisis.
- **Dificultades de Comunicación:** La incapacidad para comunicarse efectivamente puede llevar a la frustración y a la manifestación de comportamientos desafiantes.
- **Estrés Emocional:** Situaciones estresantes o desafiantes, como conflictos familiares o problemas en la escuela, pueden desencadenar crisis emocionales.

5.2 Estrategias de Prevención de Crisis

Prevenir las crisis es un aspecto clave en el manejo de situaciones difíciles. Implementar estrategias preventivas puede ayudar a minimizar la frecuencia y la gravedad de las crisis.

5.2.1 Establecimiento de Rutinas y Estructura

- **Rutinas Consistentes:** Mantener una rutina diaria predecible puede reducir la ansiedad y la inseguridad en el niño. Las rutinas deben incluir horarios regulares para las comidas, el sueño, y las actividades diarias.
- **Transiciones Suaves:** Preparar al niño para los cambios en la rutina mediante la anticipación visual y verbal puede ayudar a reducir el impacto de las transiciones.
- **Apoyos Visuales:** El uso de horarios pictóricos o tableros de actividades puede ayudar al niño a comprender y anticipar las actividades y cambios en la rutina.

5.2.2 Manejo de la Sobrecarga Sensorial

- **Ambiente Controlado:** Crear un entorno de hogar que minimice las sobrecargas sensoriales, como ruidos fuertes o luces brillantes, puede ayudar a reducir el riesgo de crisis sensoriales.
- **Espacios de Calma:** Disponer de un área tranquila en el hogar donde el niño pueda retirarse cuando se sienta abrumado puede ser útil para manejar la sobreestimulación.
- **Adaptaciones Sensoriales:** Realizar ajustes en el entorno, como el uso de auriculares con cancelación de ruido o luces suaves, puede ayudar a gestionar las sensibilidades sensoriales.

5.2.3 Desarrollo de Habilidades de Comunicación

- **Sistemas de Comunicación:** Implementar sistemas de comunicación alternativos, como PECS (Sistema de Comunicación por Intercambio de Imágenes) o dispositivos de comunicación, puede facilitar la comunicación y reducir la frustración.
- **Entrenamiento en Comunicación:** Enseñar al niño a utilizar estrategias de comunicación efectivas, como el uso de señales o palabras clave, puede ayudar a prevenir malentendidos y comportamientos desafiantes.

5.2.4 Estrategias de Manejo del Estrés

- **Técnicas de Relajación:** Enseñar técnicas de relajación y manejo del estrés, como respiración profunda o técnicas de relajación muscular, puede ayudar al niño a calmarse durante situaciones estresantes.
- **Actividades de Autocuidado:** Fomentar la participación en actividades que el niño disfrute y que le ayuden a relajarse, como el juego libre o el tiempo en la

naturaleza, puede contribuir al bienestar general y reducir la probabilidad de crisis.

5.3 Manejo Activo de Crisis

Cuando ocurre una crisis, es importante responder de manera calmada y efectiva. La intervención adecuada puede ayudar a resolver la situación de manera segura y rápida.

5.3.1 Estrategias de Intervención Inmediata

- **Mantenimiento de la Calma:** Mantener la calma durante una crisis es crucial. Los niños tienden a responder a las emociones de los adultos, por lo que una actitud tranquila puede ayudar a desescalar la situación.
- **Evaluación Rápida:** Evaluar la situación rápidamente para identificar la causa de la crisis y determinar la mejor forma de intervenir. Esto incluye evaluar la seguridad del niño y de las personas a su alrededor.
- **Uso de Técnicas de Desescalamiento:** Aplicar técnicas de desescalamiento, como hablar en tono calmado, utilizar lenguaje simple, y ofrecer opciones para que el niño elija, puede ayudar a reducir la intensidad de la crisis.

5.3.2 Manejo de Conductas Desafiantes

- **Redirección y Reforzamiento Positivo:** Redirigir al niño hacia actividades más positivas y reforzar el comportamiento adecuado con elogios o recompensas puede ser útil para manejar conductas desafiantes.
- **Estrategias de Modificación de Conducta:** Implementar estrategias basadas en la modificación de conducta, como el refuerzo positivo o el uso de consecuencias consistentes, puede ayudar a abordar comportamientos problemáticos.
- **Manejo de la Seguridad:** En casos de conducta agresiva o autolesiones, es esencial priorizar la seguridad. Utilizar técnicas de manejo seguro y, si es

necesario, buscar ayuda profesional para garantizar que el niño y los demás estén protegidos.

5.3.3 Intervención en Emergencias Médicas

- **Reconocimiento de Síntomas:** Aprender a reconocer los signos y síntomas de emergencias médicas, como convulsiones o reacciones alérgicas, es crucial para una intervención rápida y efectiva.
- **Protocolo de Emergencia:** Tener un protocolo de emergencia claro y un plan de acción para diferentes situaciones médicas puede ayudar a manejar emergencias de manera eficiente.
- **Contactos de Emergencia:** Mantener una lista actualizada de contactos médicos de emergencia y números de teléfono importantes a mano puede ser útil en caso de una emergencia médica.

5.4 Recuperación y Apoyo Posterior a una Crisis

Después de una crisis, es importante implementar estrategias para la recuperación y el apoyo continuo tanto para el niño como para la familia.

5.4.1 Evaluación y Reflexión

- **Revisión de la Crisis:** Evaluar qué factores contribuyeron a la crisis y qué estrategias funcionaron o no funcionaron puede proporcionar información valiosa para la prevención de futuras crisis.
- **Ajustes a las Estrategias:** Basado en la evaluación, ajustar las estrategias de prevención y manejo para mejorar su efectividad en el futuro.

5.4.2 Apoyo Emocional

- **Apoyo al Niño:** Ofrecer apoyo emocional al niño después de una crisis, como proporcionar consuelo y tranquilidad, puede ayudar a restaurar su sentido de seguridad.
- **Apoyo Familiar:** Los miembros de la familia también pueden necesitar apoyo emocional después de una crisis. Buscar apoyo a través de grupos de apoyo para padres o profesionales de salud mental puede ser beneficioso.

5.4.3 Seguimiento y Planificación

- **Monitoreo Continuo:** Continuar monitoreando el bienestar del niño y la familia después de una crisis, y estar atentos a cualquier señal de estrés o dificultad adicional.
- **Planificación para el Futuro:** Desarrollar y actualizar planes de intervención y manejo de crisis basados en la experiencia acumulada puede ayudar a estar mejor preparados para situaciones futuras.

Conclusión

El manejo de crisis es un aspecto fundamental del cuidado de un niño con autismo. Al comprender los diferentes tipos de crisis, implementar estrategias de prevención, y responder de manera efectiva durante y después de una crisis, las familias pueden mejorar la calidad de vida y el bienestar general de su hijo. Prepararse para las crisis y saber cómo manejarlas adecuadamente no solo ayuda a resolver situaciones difíciles, sino que también contribuye a un entorno familiar más estable y positivo.

Capítulo 6: Promoción de Habilidades Sociales

Introducción

Las habilidades sociales son fundamentales para el desarrollo del niño y para su integración exitosa en diversos entornos, como el hogar, la escuela y la comunidad. Para los niños con Trastorno del Espectro Autista (TEA), aprender y practicar habilidades sociales puede ser particularmente desafiante, pero es esencial para mejorar su calidad de vida y sus oportunidades para interactuar de manera positiva con los demás. Este capítulo explora las estrategias y enfoques para promover el desarrollo de habilidades sociales en niños con autismo, destacando la importancia de la intervención temprana, la práctica estructurada y el apoyo continuo.

6.1 Importancia de las Habilidades Sociales

Las habilidades sociales permiten a los niños interactuar de manera efectiva con sus compañeros, adultos y en contextos sociales. Estas habilidades incluyen la capacidad para compartir, turnarse, expresar emociones, entender las señales sociales, y resolver conflictos. Para los niños con TEA, desarrollar estas habilidades puede ser especialmente crucial, ya que las dificultades en la comunicación y en la comprensión de las normas sociales pueden llevar a desafíos en la interacción social.

6.1.1 Beneficios de Desarrollar Habilidades Sociales

- **Mejora en las Relaciones Interpersonales:** Las habilidades sociales efectivas ayudan a construir y mantener relaciones positivas con amigos, familiares y compañeros. Esto contribuye al bienestar emocional y a una mejor integración en actividades grupales.

- **Aumento de la Autoestima:** Lograr interacciones exitosas y satisfactorias puede aumentar la autoestima del niño, promoviendo un sentido de competencia y pertenencia.

- **Reducción de Comportamientos Desafiantes:** El desarrollo de habilidades sociales puede disminuir la frustración y la ansiedad asociadas con la incapacidad para comunicarse efectivamente, lo que a su vez puede reducir comportamientos desafiantes.

- **Mejor Integración en Contextos Sociales:** Las habilidades sociales son clave para la participación en actividades grupales, en la escuela y en la comunidad, facilitando la inclusión y la integración.

6.2 Estrategias para Promover Habilidades Sociales

6.2.1 Intervención Temprana

- **Evaluación de Habilidades Sociales:** Realizar una evaluación temprana de las habilidades sociales del niño ayuda a identificar áreas de fortaleza y de necesidad. Esto puede incluir la observación de interacciones, entrevistas con padres y la aplicación de herramientas de evaluación estandarizadas.

- **Intervención Basada en el Desarrollo:** Los enfoques de intervención temprana, como el Modelo de Intervención Temprana para el Autismo (EIBI) o el Análisis de Conducta Aplicado (ABA), se centran en enseñar habilidades sociales en el contexto del desarrollo del niño. Estas intervenciones a menudo incluyen la enseñanza de habilidades básicas y el reforzamiento positivo.

- **Establecimiento de Objetivos Claros:** Definir objetivos claros y alcanzables en el desarrollo de habilidades sociales ayuda a guiar el proceso de intervención. Los objetivos pueden incluir habilidades específicas como saludar a otros, mantener una conversación o compartir juguetes.

6.2.2 Enfoques de Enseñanza Estructurada

- **Modelado y Práctica:** El modelado de comportamientos sociales apropiados por parte de adultos y pares proporciona un ejemplo para el niño. La práctica repetida y guiada de estas habilidades en situaciones estructuradas ayuda a consolidar el aprendizaje.
- **Juegos de Rol:** Utilizar juegos de rol para practicar habilidades sociales permite al niño experimentar y aprender cómo manejar diferentes situaciones sociales en un entorno controlado y seguro.
- **Uso de Apoyos Visuales:** Los apoyos visuales, como tarjetas de comunicación o diagramas de pasos, pueden ayudar al niño a entender y recordar las reglas y comportamientos sociales esperados.

6.2.3 Integración en la Vida Diaria

- **Incorporación en Actividades Cotidianas:** Integrar la práctica de habilidades sociales en actividades diarias, como durante las comidas familiares, el tiempo de juego o las visitas a la tienda, facilita la generalización de las habilidades aprendidas en entornos más naturales.
- **Refuerzo Positivo:** Utilizar el refuerzo positivo para motivar y reforzar los comportamientos sociales apropiados ayuda a aumentar la probabilidad de que estos comportamientos se repitan en el futuro.
- **Feedback y Retroalimentación:** Proporcionar feedback constructivo y alentador después de las interacciones sociales permite al niño entender lo que hizo bien y lo que podría mejorar en futuras interacciones.

6.3.1 Enseñanza de Habilidades Específicas

- **Iniciar y Mantener Conversaciones:** Enseñar al niño cómo iniciar y mantener una conversación, incluyendo habilidades como hacer preguntas abiertas, escuchar activamente y turnarse para hablar, es fundamental para la comunicación efectiva.
- **Reconocimiento de Señales Sociales:** Ayudar al niño a reconocer y responder a señales sociales, como expresiones faciales y tono de voz, puede mejorar su capacidad para interpretar las intenciones y emociones de los demás.
- **Resolución de Conflictos:** Enseñar técnicas de resolución de conflictos, como expresar sentimientos de manera adecuada, negociar y buscar soluciones, ayuda al niño a manejar desacuerdos de manera constructiva.
- **Juego Cooperativo:** Fomentar el juego cooperativo con otros niños, donde se practique el compartir, tomar turnos y colaborar, es esencial para desarrollar habilidades sociales en un entorno lúdico.

6.3.2 Uso de Tecnología

- **Aplicaciones de Entrenamiento Social:** Existen aplicaciones y programas de software diseñados para enseñar habilidades sociales a través de actividades interactivas y simulaciones. Estas herramientas pueden ser útiles para reforzar las habilidades aprendidas.
- **Videos y Multimedia:** Utilizar videos y otros recursos multimedia para mostrar ejemplos de comportamientos sociales apropiados y para analizar situaciones sociales puede facilitar el aprendizaje y la comprensión.

6.4 Involucramiento de la Escuela y la Comunidad

6.4.1 Colaboración con Educadores

- **Planes Educativos Individualizados (PEI):** Incluir objetivos relacionados con las habilidades sociales en el PEI del niño asegura que haya un enfoque estructurado para el desarrollo de estas habilidades en el entorno escolar.
- **Intervenciones en el Aula:** Trabajar con el personal escolar para implementar intervenciones de habilidades sociales en el aula, como actividades de grupo y oportunidades para interacciones positivas con compañeros, puede apoyar el desarrollo social del niño.
- **Programas de Apoyo Escolar:** Participar en programas de apoyo escolar que se centren en habilidades sociales, como clubes o grupos de habilidades sociales, puede proporcionar oportunidades adicionales para la práctica y el desarrollo.

6.4.2 Participación en Actividades Comunitarias

- **Actividades Extracurriculares:** Fomentar la participación en actividades extracurriculares, como deportes, arte o clubes, ofrece al niño oportunidades para interactuar con sus compañeros en un entorno estructurado y apoyado.
- **Eventos Comunitarios:** Involucrar al niño en eventos comunitarios, como festivales locales o eventos de caridad, puede proporcionar experiencias valiosas para practicar habilidades sociales en diferentes contextos.

6.5 Evaluación y Ajuste de Estrategias

6.5.1 Monitoreo del Progreso

- **Evaluación Continua:** Evaluar regularmente el progreso en el desarrollo de habilidades sociales permite ajustar las estrategias según sea necesario. Esto puede incluir observaciones directas, retroalimentación de educadores y padres, y el uso de herramientas de evaluación estandarizadas.

- **Revisión de Objetivos:** Revisar y actualizar los objetivos de habilidades sociales según el progreso del niño y los cambios en sus necesidades ayuda a mantener el enfoque en áreas prioritarias y a establecer nuevas metas.

6.5.2 Ajustes en la Intervención

- **Adaptación de Estrategias:** Basado en la evaluación continua, adaptar las estrategias de enseñanza y apoyo para abordar áreas de desafío o para reforzar áreas de éxito es crucial para el progreso del niño.
- **Incorporación de Nuevas Técnicas:** Mantenerse informado sobre nuevas técnicas y enfoques en el campo del autismo y la intervención social permite incorporar prácticas basadas en evidencia para mejorar el desarrollo de habilidades sociales.

Conclusión

La promoción de habilidades sociales en niños con autismo es un componente esencial del desarrollo integral y la integración en la comunidad. A través de intervenciones tempranas, enfoques estructurados, y la colaboración con la escuela y la comunidad, es posible apoyar el desarrollo de habilidades sociales que mejoren la calidad de vida y la capacidad del niño para interactuar de manera positiva con los demás. Al abordar las habilidades sociales con un enfoque integral y adaptado a las necesidades individuales, los padres y cuidadores pueden fomentar la independencia, la autoestima y la inclusión social del niño.

Capítulo 7: Colaboración con Profesionales

Introducción

La colaboración con profesionales es esencial para proporcionar un enfoque integral y eficaz en el manejo y desarrollo de un niño con Trastorno del Espectro Autista (TEA). Los terapeutas, educadores y otros especialistas desempeñan roles clave en la evaluación, intervención y apoyo continuo del niño. Este capítulo explora la importancia de trabajar en equipo con estos profesionales, ofrece estrategias para una colaboración efectiva y describe cómo crear un plan de intervención integral que maximice los beneficios para el niño y su familia.

7.1 El Papel de los Terapeutas, Educadores y Otros Especialistas

7.1.1 Terapeutas

- **Terapeutas Ocupacionales:** Se centran en desarrollar las habilidades motoras finas y las habilidades de la vida diaria, ayudando al niño a participar en actividades cotidianas de manera más independiente. También abordan cuestiones relacionadas con la sensibilidad sensorial y las habilidades de autorregulación.
- **Logopedas:** Trabajan en la mejora de las habilidades de comunicación, incluyendo el desarrollo del lenguaje, la articulación y la comprensión. Pueden utilizar diferentes métodos y técnicas para ayudar al niño a comunicarse de manera más efectiva.
- **Psicólogos:** Ofrecen evaluación y apoyo en áreas como el comportamiento, la emoción y el desarrollo cognitivo. Los psicólogos pueden proporcionar terapia

individual, apoyo en la gestión de la ansiedad y la conducta, y estrategias para el desarrollo de habilidades sociales y emocionales.

- **Terapeutas del Comportamiento (ABA):** Implementan el Análisis de Conducta Aplicado (ABA) para enseñar habilidades específicas y reducir comportamientos desafiantes. Utilizan refuerzos positivos y técnicas de modificación de conducta basadas en la evidencia.

7.1.2 Educadores

- **Maestros de Educación Especial:** Diseñan e implementan estrategias de enseñanza adaptadas a las necesidades del niño, asegurando que el entorno educativo sea inclusivo y accesible. Trabajan en estrecha colaboración con otros profesionales y con la familia para apoyar el aprendizaje y el desarrollo del niño.
- **Asistentes Educativos:** Proporcionan apoyo adicional en el aula, ayudando al niño a participar en actividades escolares y a implementar estrategias educativas personalizadas.
- **Psicopedagogos:** Evalúan las habilidades académicas y de aprendizaje del niño, proporcionando intervenciones y apoyo para abordar dificultades específicas en el contexto educativo.

7.1.3 Otros Especialistas

- **Trabajadores Sociales:** Ofrecen apoyo en la gestión de aspectos sociales y emocionales, y pueden ayudar con la conexión a recursos comunitarios, apoyo familiar y estrategias para mejorar el bienestar general.
- **Médicos y Pediatras:** Supervisan la salud general del niño y abordan problemas médicos relacionados con el TEA. También pueden proporcionar recomendaciones para tratamientos médicos o intervenciones adicionales.

7.2 Cómo Trabajar en Equipo con Profesionales

7.2.1 Comunicación Efectiva

- **Reuniones Regulares:** Programar reuniones periódicas con todos los profesionales involucrados para discutir el progreso del niño, revisar el plan de intervención y ajustar estrategias según sea necesario. La comunicación abierta y regular asegura que todos estén alineados en cuanto a los objetivos y enfoques.
- **Informes y Actualizaciones:** Compartir informes detallados y actualizaciones sobre el progreso del niño con todos los miembros del equipo. Esto puede incluir informes de terapia, evaluaciones educativas y observaciones de comportamiento.
- **Canales de Comunicación:** Establecer canales de comunicación claros y accesibles, como correos electrónicos, aplicaciones de mensajería o reuniones virtuales, para facilitar el intercambio de información entre profesionales y la familia.

7.2.2 Roles y Responsabilidades Claros

- **Definición de Roles:** Asegurarse de que cada profesional tenga una comprensión clara de su rol y responsabilidades en el equipo. Esto ayuda a evitar duplicación de esfuerzos y asegura que se aborden todas las áreas necesarias.
- **Colaboración Coordinada:** Fomentar la colaboración y la coordinación entre profesionales para integrar los esfuerzos en la intervención y apoyar de manera integral al niño. Esto puede incluir la planificación conjunta de actividades, la implementación de estrategias consistentes y la evaluación de los resultados.

7.2.3 Involucramiento de la Familia

- **Participación Activa:** Involucrar a la familia en el proceso de intervención, asegurándose de que se sientan apoyados y que sus perspectivas sean valoradas. La colaboración entre la familia y los profesionales es fundamental para el éxito del plan de intervención.
- **Educación y Capacitación:** Proporcionar a la familia capacitación y recursos sobre las estrategias y técnicas utilizadas en la intervención. Esto ayuda a asegurar que las estrategias se apliquen de manera consistente en el hogar y en otros entornos.

- **Apoyo Continuo:** Ofrecer apoyo continuo a la familia, incluyendo la disponibilidad para responder preguntas, abordar preocupaciones y ajustar el plan de intervención según sea necesario.

7.3 Creación de un Plan de Intervención Integral

7.3.1 Evaluación Integral

- **Evaluación Multidisciplinaria:** Realizar una evaluación integral del niño que incluya aportes de diferentes profesionales, como terapeutas, educadores y psicólogos. Esto proporciona una visión completa de las fortalezas, desafíos y necesidades del niño.
- **Identificación de Objetivos:** Definir objetivos claros y específicos para el desarrollo del niño en áreas clave como habilidades sociales, comunicación, habilidades de vida diaria y comportamiento. Los objetivos deben ser medibles y alcanzables.

7.3.2 Desarrollo del Plan

- **Diseño del Plan:** Crear un plan de intervención que detalle las estrategias, técnicas y enfoques que se utilizarán para alcanzar los objetivos establecidos. Incluir responsabilidades para cada profesional, así como los métodos de evaluación y seguimiento.
- **Adaptación de Estrategias:** Personalizar el plan de intervención para abordar las necesidades individuales del niño, teniendo en cuenta sus fortalezas, intereses y desafíos específicos.

- **Implementación:** Implementar el plan de intervención en los diferentes entornos del niño, como en el hogar, la escuela y las sesiones de terapia. Asegurarse de que todos los involucrados sigan las estrategias y enfoques acordados.

7.3.3 Evaluación y Ajustes

- **Monitoreo del Progreso:** Evaluar regularmente el progreso hacia los objetivos del plan de intervención mediante la recopilación de datos, la observación y la retroalimentación de los profesionales y la familia.
- **Ajuste del Plan:** Revisar y ajustar el plan de intervención según los resultados de la evaluación y el progreso del niño. Hacer ajustes en las estrategias y objetivos para mejorar la efectividad y responder a las necesidades cambiantes del niño.
- **Documentación y Reportes:** Mantener una documentación detallada del progreso y los ajustes realizados en el plan de intervención. Esto proporciona una base para la toma de decisiones y facilita la comunicación entre los miembros del equipo.

Conclusión

La colaboración efectiva con profesionales es fundamental para proporcionar un apoyo integral y exitoso a un niño con TEA. Al comprender los roles de los diferentes especialistas, establecer una comunicación clara y trabajar en equipo con la familia, se puede desarrollar y mantener un plan de intervención integral que aborde las necesidades individuales del niño. La colaboración continua y la adaptación del plan según el progreso y los cambios en las necesidades del niño son esenciales para lograr los mejores resultados posibles y apoyar el desarrollo y el bienestar del niño en todas las áreas de su vida.

Capítulo 8: Apoyo a las Familias

Introducción

El cuidado y apoyo de un niño con Trastorno del Espectro Autista (TEA) puede ser un desafío significativo para las familias. El bienestar de los padres y cuidadores es crucial para proporcionar el mejor apoyo posible al niño. Este capítulo explora estrategias para el autocuidado de los padres, recursos y redes de apoyo disponibles para las familias, y cómo los padres pueden convertirse en defensores eficaces para sus hijos. Abordar estos aspectos ayuda a fortalecer el entorno familiar y a asegurar que las necesidades de todos los miembros de la familia sean atendidas.

8.1 Estrategias para el Autocuidado de los Padres

8.1.1 Reconocimiento de la Carga Emocional

- **Aceptación de Sentimientos:** Es fundamental que los padres reconozcan y acepten sus propios sentimientos de estrés, ansiedad o agotamiento. Validar estas emociones es el primer paso para manejar el estrés de manera efectiva.
- **Expresión Emocional:** Hablar sobre las experiencias y emociones con amigos, familiares o un terapeuta puede ayudar a procesar y manejar el estrés. La expresión emocional también puede proporcionar un sentido de alivio y apoyo.

8.1.2 Establecimiento de Límites

- **Priorizar el Tiempo Personal:** Los padres deben encontrar tiempo para sí mismos y para actividades que les brinden placer y relajación. Esto puede incluir hobbies, ejercicio, o simplemente momentos de descanso.
- **Delegación de Responsabilidades:** No dudar en delegar tareas y responsabilidades cuando sea posible. Contar con el apoyo de familiares, amigos o servicios profesionales puede aliviar la carga diaria.

8.1.3 Manejo del Estrés

- **Técnicas de Relajación:** Incorporar técnicas de relajación, como la meditación, la respiración profunda o el yoga, puede ayudar a reducir el estrés y mejorar el bienestar general.
- **Asesoramiento y Terapia:** Considerar la posibilidad de buscar apoyo profesional a través de asesoramiento o terapia puede ser beneficioso para abordar el estrés y desarrollar estrategias de afrontamiento.

8.1.4 Fomentar la Conexión Familiar

- **Tiempo en Familia:** Programar tiempo de calidad en familia que permita a todos los miembros conectarse y disfrutar juntos. Actividades recreativas, juegos y salidas familiares fortalecen los lazos y proporcionan momentos de disfrute.
- **Comunicación Abierta:** Mantener una comunicación abierta y honesta con todos los miembros de la familia ayuda a compartir preocupaciones, necesidades y apoyos necesarios, promoviendo un ambiente familiar saludable.

8.2 Recursos y Redes de Apoyo para Familias

8.2.1 Grupos de Apoyo

- **Grupos de Apoyo Locales:** Participar en grupos de apoyo para padres de niños con TEA proporciona un espacio para compartir experiencias, recibir consejos y obtener apoyo emocional. Estos grupos también pueden ofrecer información sobre recursos y servicios locales.
- **Grupos de Apoyo en Línea:** Unirse a comunidades en línea puede ser una forma conveniente de conectarse con otros padres y profesionales, compartir recursos y recibir apoyo desde cualquier ubicación.

8.2.2 Recursos Educativos y Financieros

- **Organizaciones y Fundaciones:** Muchas organizaciones y fundaciones ofrecen recursos educativos, talleres y materiales informativos sobre el autismo. Estos recursos pueden ayudar a los padres a comprender mejor el TEA y a encontrar estrategias de apoyo.
- **Asistencia Financiera:** Investigar programas de asistencia financiera o subvenciones que puedan ayudar a cubrir los costos de terapia, educación y otros servicios necesarios para el niño con TEA.

8.2.3 Servicios Comunitarios

- **Servicios de Respiro:** Buscar servicios de respiro que ofrezcan cuidado temporal para el niño, permitiendo a los padres tomar un descanso y recargar energías.
- **Recursos Educativos para Padres:** Aprovechar cursos, seminarios y talleres dirigidos a padres para aprender más sobre el autismo y desarrollar habilidades para el manejo y apoyo del niño.

8.2.4 Apoyo Profesional

- **Consultas con Especialistas:** Consultar con especialistas en desarrollo infantil, psicólogos y otros profesionales puede proporcionar orientación y apoyo adicional para manejar desafíos específicos.

- **Servicios de Apoyo Familiar:** Servicios de asesoramiento y terapia familiar pueden ayudar a abordar dinámicas familiares y mejorar la comunicación y el funcionamiento familiar.

8.3 Cómo Ser un Defensor Eficaz para Tu Hijo

8.3.1 Conocimiento y Educación

- **Comprensión del TEA:** Informarse a fondo sobre el Trastorno del Espectro Autista, sus características, tratamientos y derechos del niño. Esta comprensión permite a los padres abogar de manera efectiva y educada por las necesidades de su hijo.
- **Educación Continua:** Mantenerse actualizado con la investigación y las mejores prácticas en el campo del autismo, participando en seminarios, talleres y leyendo literatura relevante.

8.3.2 Abogacía en el Entorno Educativo

- **Trabajo con la Escuela:** Colaborar con los educadores para desarrollar y revisar el Plan Educativo Individualizado (PEI) del niño. Asegurarse de que el plan refleje adecuadamente las necesidades del niño y que se implementen las estrategias adecuadas.
- **Defensa de Derechos:** Conocer los derechos legales del niño en el entorno escolar y asegurarse de que estos derechos se respeten. Esto puede incluir el acceso a adaptaciones razonables y servicios especializados.

8.3.3 Abogacía en el Entorno de Salud

- **Comunicación con Profesionales de Salud:** Trabajar con médicos, terapeutas y otros profesionales de salud para asegurar que el niño reciba el cuidado y los tratamientos adecuados. No dudar en hacer preguntas y buscar segundas opiniones si es necesario.

- **Planificación de Tratamientos:** Participar activamente en la planificación y seguimiento de los tratamientos médicos y terapéuticos del niño, asegurando que se adapten a sus necesidades cambiantes.

8.3.4 Promoción de la Inclusión

- **Fomento de la Inclusión Social:** Trabajar para promover la inclusión del niño en actividades sociales, escolares y comunitarias. Abogar por la igualdad de oportunidades y el acceso a experiencias significativas.
- **Concienciación Comunitaria:** Participar en iniciativas comunitarias que promuevan la concienciación y la aceptación del autismo, ayudando a reducir el estigma y a fomentar un entorno más inclusivo.

Conclusión

El apoyo a las familias es una parte crucial del bienestar general y el éxito de un niño con TEA. Al implementar estrategias para el autocuidado, aprovechar recursos y redes de apoyo, y convertirse en un defensor eficaz, los padres pueden manejar mejor los desafíos y proporcionar el mejor apoyo posible para sus hijos. Fortalecer el bienestar familiar y promover la participación activa en el cuidado y la educación del niño contribuye a un entorno más positivo y enriquecedor para todos los miembros de la familia.

Capítulo 9: Medición del Progreso y Adaptación

Introducción

Medir el progreso y adaptar las estrategias es esencial para asegurar que las intervenciones sean efectivas y que el niño con Trastorno del Espectro Autista (TEA) esté avanzando hacia sus metas. La evaluación continua permite ajustar las estrategias de intervención según sea necesario, celebrar los logros alcanzados y planificar el futuro. Este capítulo explora cómo monitorear el avance de las intervenciones, realizar ajustes necesarios y celebrar los logros, mientras se planifica para el futuro.

9.1 Cómo Monitorear el Avance de las Intervenciones

9.1.1 Métodos de Evaluación

- **Observación Directa:** Realizar observaciones regulares del comportamiento y las habilidades del niño en diferentes entornos (hogar, escuela, terapia) proporciona información valiosa sobre su progreso y áreas que requieren ajuste.

- **Evaluaciones Estandarizadas:** Utilizar herramientas de evaluación estandarizadas para medir el desarrollo de habilidades específicas, como escalas de comportamiento y pruebas de habilidades sociales, permite obtener datos comparables y objetivos.

- **Informes de Profesionales:** Recopilar informes y retroalimentación de los terapeutas, educadores y otros profesionales involucrados en la intervención. Estos informes proporcionan una perspectiva integral sobre el progreso y la efectividad de las estrategias.

- **Autoevaluaciones y Reflexiones:** Incluir al niño, cuando sea posible, en la autoevaluación de sus propios logros y desafíos. Fomentar la reflexión sobre su propio progreso puede aumentar la autoeficacia y la motivación.

9.1.2 Establecimiento de Criterios de Éxito

- **Definición de Objetivos Específicos:** Establecer criterios claros y específicos para cada objetivo de intervención permite medir el progreso de manera precisa. Los objetivos deben ser medibles, alcanzables y relevantes para las necesidades del niño.

- **Revisión de Indicadores de Éxito:** Identificar indicadores clave de éxito para cada intervención, como la frecuencia de comportamientos deseados, la mejora en habilidades específicas y la adaptación a nuevas situaciones.

- **Registro de Datos:** Mantener un registro detallado de los datos relacionados con el progreso, incluyendo observaciones, resultados de evaluaciones y retroalimentación de los profesionales. Esto facilita la revisión y el análisis del progreso a lo largo del tiempo.

9.2 Ajustes Necesarios en las Estrategias

9.2.1 Identificación de Necesidades de Ajuste

- **Análisis de Datos:** Revisar los datos recopilados para identificar patrones y áreas de desafío. Comparar el progreso con los objetivos establecidos para determinar si se necesitan ajustes en las estrategias.
- **Reevaluación de Objetivos:** Evaluar si los objetivos actuales siguen siendo adecuados y realistas. Ajustar los objetivos según los cambios en las necesidades del niño y los resultados observados.

9.2.2 Adaptación de Estrategias

- **Modificación de Técnicas:** Ajustar las técnicas de intervención según los resultados de la evaluación. Esto puede incluir la modificación de enfoques, el uso de nuevas estrategias o la implementación de ajustes en el entorno de intervención.
- **Implementación de Nuevas Herramientas:** Incorporar nuevas herramientas o recursos basados en las mejores prácticas y la investigación actual. Esto puede incluir técnicas de intervención actualizadas, tecnologías asistivas o nuevos enfoques terapéuticos.
- **Colaboración con Profesionales:** Trabajar en conjunto con terapeutas, educadores y otros profesionales para discutir las necesidades de ajuste y desarrollar un plan de adaptación. La colaboración asegura que los ajustes sean integrales y coordinados.

9.2.3 Revisión Continua

- **Evaluaciones Regulares:** Programar evaluaciones periódicas para revisar el progreso y realizar ajustes necesarios. La revisión continua garantiza que las estrategias permanezcan efectivas y relevantes.
- **Feedback de la Familia:** Obtener retroalimentación de la familia sobre el progreso y las áreas de desafío. La perspectiva de la familia proporciona

información adicional sobre cómo las intervenciones están impactando la vida diaria del niño.

9.3 Celebrando los Logros y Planificando a Futuro

9.3.1 Reconocimiento de Logros

- **Celebración de Éxitos:** Reconocer y celebrar los logros del niño, tanto grandes como pequeños. Esto puede incluir elogios, recompensas o actividades especiales que refuercen el comportamiento positivo y el progreso.
- **Refuerzo Positivo:** Utilizar refuerzos positivos para motivar y mantener el progreso. El refuerzo puede ser verbal, material o basado en actividades que el niño disfrute.

9.3.2 Reflexión sobre el Progreso

- **Revisión de Metas Alcanzadas:** Reflexionar sobre las metas que se han alcanzado y evaluar el impacto de las intervenciones en el desarrollo del niño. Esto ayuda a identificar las estrategias que han sido más efectivas.
- **Evaluación de Estrategias:** Revisar qué estrategias y enfoques han funcionado bien y cuáles necesitan ajustes. Utilizar esta información para mejorar futuras intervenciones y planificaciones.

9.3.3 Planificación Futura

- **Establecimiento de Nuevos Objetivos:** Basado en el progreso actual, establecer nuevos objetivos a corto y largo plazo. Asegurarse de que estos objetivos sean realistas y alineados con las necesidades y aspiraciones del niño.
- **Desarrollo de un Plan de Transición:** Si es necesario, desarrollar un plan de transición para cambiar el enfoque de intervención a medida que el niño crece y sus necesidades cambian. Esto puede incluir la transición a nuevos entornos educativos o servicios de apoyo.

- **Preparación para Cambios:** Anticipar y prepararse para cambios en la intervención a medida que el niño se desarrolla y sus necesidades evolucionan. Mantener la flexibilidad en el enfoque y estar preparado para ajustar el plan según sea necesario.

Conclusión

La medición del progreso y la adaptación continua son componentes cruciales para el éxito de las intervenciones en niños con TEA. Monitorear el avance, realizar ajustes necesarios en las estrategias, y celebrar los logros contribuyen a un enfoque dinámico y efectivo. La planificación a futuro permite anticipar y preparar los próximos pasos en el desarrollo del niño, asegurando que las intervenciones sigan siendo relevantes y beneficiosas. Al adoptar un enfoque proactivo y adaptable, se puede apoyar de manera efectiva el crecimiento y el bienestar del niño en todas las etapas de su desarrollo.

Capítulo 10: Casos de Éxito • Historias inspiradoras de familias y niños • Lecciones aprendidas de experiencias reales • Consejos prácticos de quienes han recorrido este camino

Capítulo 10: Casos de Éxito

Introducción

Las historias de éxito pueden servir como fuente de inspiración y esperanza para muchas familias que enfrentan el desafío del Trastorno del Espectro Autista (TEA). Este capítulo se centra en casos de éxito que destacan cómo diversas familias y niños han superado obstáculos y alcanzado logros significativos. A través de estas historias, se pueden extraer lecciones valiosas, consejos prácticos y estrategias que han demostrado ser efectivas en el apoyo y desarrollo de niños con TEA.

10.1 Historias Inspiradoras de Familias y Niños

10.1.1 Caso 1: La Transformación de Alex

- **Contexto:** Alex, un niño de 7 años con TEA, comenzó con dificultades significativas en la comunicación y las habilidades sociales. Sus padres estaban preocupados por su integración en la escuela y su capacidad para formar amistades.
- **Intervención:** La familia de Alex decidió buscar la ayuda de un equipo multidisciplinario que incluyó a un terapeuta del habla, un terapeuta ocupacional y un psicólogo. Implementaron un plan de intervención que combinó terapia de comunicación, habilidades sociales y adaptación sensorial.
- **Resultados:** Con el tiempo, Alex mostró una mejora notable en su comunicación verbal y en sus interacciones sociales. Participó activamente en actividades escolares y formó nuevas amistades. La intervención personalizada y el apoyo continuo fueron claves en su progreso.

10.1.2 Caso 2: El Viaje de Laura hacia la Autonomía

- **Contexto:** Laura, una adolescente con TEA, enfrentaba desafíos en la vida diaria y en la planificación de su futuro. Sus padres estaban preocupados por su independencia y sus habilidades para manejar tareas cotidianas.
- **Intervención:** La familia de Laura se enfocó en un programa de habilidades para la vida diaria que incluía entrenamiento en organización, manejo del tiempo

y habilidades prácticas. También incorporaron terapia ocupacional y apoyo en la transición a la vida adulta.

- **Resultados:** Laura desarrolló habilidades significativas para la vida independiente y comenzó a participar en programas de formación laboral. Su confianza y autonomía crecieron, y ella logró establecer metas claras para su futuro. La combinación de apoyo especializado y oportunidades prácticas facilitó su desarrollo.

10.1.3 Caso 3: La Historia de Éxito de Max en la Escuela

- **Contexto:** Max, un niño con TEA, tenía dificultades en el entorno escolar, especialmente en la adaptación a las rutinas y la interacción con compañeros. Su rendimiento académico y social estaba siendo afectado.
- **Intervención:** Los padres de Max trabajaron estrechamente con la escuela para desarrollar un Plan Educativo Individualizado (PEI) que incluía adaptaciones en el aula, apoyo de un asistente educativo y estrategias de manejo del comportamiento. También integraron sesiones de terapia en el entorno escolar.
- **Resultados:** Max mostró una mejora en su comportamiento y rendimiento académico. La colaboración efectiva entre la familia, la escuela y los profesionales permitió que Max tuviera éxito en un entorno inclusivo y apoyado. Su participación en actividades extracurriculares también aumentó, promoviendo su desarrollo social.

10.2 Lecciones Aprendidas de Experiencias Reales

10.2.1 Importancia de un Enfoque Personalizado

- **Lección Clave:** Cada niño con TEA es único, y las intervenciones deben ser personalizadas para abordar sus necesidades individuales. La flexibilidad y adaptación en el enfoque de intervención son esenciales para lograr resultados efectivos.

10.2.2 Valor de la Colaboración

- **Lección Clave:** La colaboración entre la familia, los profesionales y la escuela es fundamental para el éxito. La comunicación abierta y el trabajo en equipo garantizan que todos los aspectos del desarrollo del niño sean atendidos de manera integral.

10.2.3 Necesidad de Apoyo Continuo

- **Lección Clave:** El apoyo no termina una vez que se alcanzan algunos logros. El seguimiento continuo y la adaptación de estrategias según sea necesario son cruciales para mantener el progreso y abordar nuevos desafíos a medida que el niño crece.

10.2.4 Poder del Refuerzo Positivo

- **Lección Clave:** El refuerzo positivo juega un papel importante en la motivación y el desarrollo del niño. Celebrar los logros, por pequeños que sean, y proporcionar refuerzos adecuados ayuda a fortalecer comportamientos positivos y aumentar la autoestima.

10.3 Consejos Prácticos de Quienes Han Recorrido Este Camino

10.3.1 Consejos para la Familia

- **Buscar Ayuda Temprana:** No dudar en buscar ayuda profesional tan pronto como se identifiquen desafíos. La intervención temprana puede hacer una gran diferencia en el desarrollo del niño.

- **Mantener la Persistencia:** Estar preparado para enfrentar desafíos y mantener la persistencia en el seguimiento de las intervenciones y estrategias. El progreso puede ser gradual, y la paciencia es clave.

- **Fomentar la Comunicación Abierta:** Mantener una comunicación abierta y honesta dentro de la familia y con los profesionales. Compartir preocupaciones y éxitos contribuye a una colaboración efectiva.

10.3.2 Consejos para Educadores y Profesionales

- **Conocer al Niño:** Tomarse el tiempo para conocer al niño y entender sus fortalezas y desafíos específicos. Esta comprensión permite desarrollar intervenciones más efectivas y personalizadas.

- **Ser Flexible y Adaptable:** Estar dispuesto a ajustar las estrategias y enfoques según el progreso del niño y los cambios en sus necesidades. La flexibilidad es esencial para el éxito a largo plazo.

- **Proporcionar Apoyo Emocional:** Ofrecer apoyo emocional y aliento constante al niño y a su familia. La empatía y el refuerzo positivo contribuyen a un entorno de apoyo y motivación.

10.3.3 Consejos para el Auto-Cuidado Familiar

- **Priorizar el Bienestar:** No olvidar cuidar del bienestar propio y de los miembros de la familia. El autocuidado es crucial para manejar el estrés y mantener la energía para apoyar al niño.
- **Buscar Apoyo de Otros Padres:** Conectar con otras familias que tienen experiencias similares puede proporcionar apoyo emocional, consejos prácticos y una red de apoyo valiosa.
- **Celebrar los Logros Familiares:** Reconocer y celebrar los logros y avances no solo del niño, sino también de la familia en su conjunto. Esto fortalece la cohesión familiar y fomenta una actitud positiva.

Conclusión

Las historias de éxito y las lecciones aprendidas de experiencias reales ofrecen una perspectiva valiosa sobre cómo superar desafíos y lograr resultados positivos para niños con TEA. Al aplicar estos consejos prácticos y reconocer el impacto de un enfoque personalizado, colaborativo y de apoyo continuo, las familias y profesionales pueden trabajar juntos

Conclusión • Reflexiones finales • Cómo seguir apoyando a tu hijo a lo largo del tiempo

Conclusión

Reflexiones Finales

El viaje para apoyar a un niño con Trastorno del Espectro Autista (TEA) es un camino lleno de desafíos, aprendizajes y momentos de profundo crecimiento. A lo largo de este libro, hemos explorado desde la comprensión fundamental del autismo hasta la implementación de estrategias efectivas, el manejo de crisis, la promoción de habilidades sociales, y la colaboración con profesionales. Hemos visto cómo las historias de éxito pueden inspirar y guiar, proporcionando ejemplos reales de cómo se pueden superar obstáculos y alcanzar logros significativos.

Uno de los mensajes clave es que no existe un enfoque único que funcione para todos los niños con TEA. Cada niño es único y, por lo tanto, requiere un enfoque personalizado que tenga en cuenta sus fortalezas, desafíos y necesidades individuales. La flexibilidad, la persistencia y el apoyo continuo son esenciales para el éxito. La colaboración entre la familia, los profesionales y la comunidad también juega un papel crucial en la creación de un entorno de apoyo integral que permita al niño prosperar.

Además, es vital reconocer y celebrar los logros, tanto grandes como pequeños. Cada avance, por mínimo que sea, representa un paso hacia adelante en el desarrollo del niño y debe ser celebrado y reforzado. La celebración de los logros no solo motiva al niño, sino que también fortalece el compromiso y la resiliencia de la familia.

Cómo Seguir Apoyando a Tu Hijo a lo Largo del Tiempo

1. Mantener la Flexibilidad y la Adaptación

- **Reevaluar Regularmente:** Continuar evaluando el progreso de tu hijo y ajustar las estrategias según sea necesario. A medida que el niño crece y sus necesidades cambian, es importante adaptar las intervenciones y objetivos para reflejar su desarrollo y las nuevas etapas de su vida.

- **Ajustar las Estrategias:** Ser flexible en la implementación de estrategias y estar dispuesto a probar enfoques diferentes si algo no está funcionando. La adaptabilidad es clave para abordar desafíos emergentes y fomentar el progreso continuo.

2. Fomentar el Desarrollo Continuo

- **Apoyar el Aprendizaje Permanente:** Incentivar y apoyar el aprendizaje continuo en todas las áreas de la vida del niño, desde habilidades académicas hasta habilidades para la vida diaria y habilidades sociales. El desarrollo continuo contribuye al crecimiento y la autonomía del niño.

- **Buscar Nuevas Oportunidades:** Explorar nuevas oportunidades y experiencias que puedan enriquecer la vida del niño, como actividades extracurriculares, programas de formación laboral y actividades recreativas. Estas experiencias pueden ayudar a desarrollar nuevas habilidades y fomentar el interés y la motivación.

3. Promover la Inclusión y la Participación

- **Fomentar la Inclusión Social:** Apoyar la participación de tu hijo en actividades sociales y comunitarias para promover la inclusión y el desarrollo de habilidades sociales. La interacción con otros niños y adultos en diversos entornos contribuye al crecimiento y a la integración social.

- **Trabajar con la Comunidad:** Colaborar con la comunidad para crear entornos inclusivos y accesibles para todos los niños. La promoción de la conciencia y la aceptación del autismo en la comunidad ayuda a reducir el estigma y a fomentar un entorno de apoyo.

4. Cuidar del Bienestar Familiar

- **Priorizar el Autocuidado:** No olvidar el autocuidado y el bienestar de todos los miembros de la familia. El apoyo emocional, el descanso y el tiempo personal son fundamentales para mantener la energía y el equilibrio en la vida familiar.

- **Buscar Apoyo cuando Sea Necesario:** No dudar en buscar apoyo adicional si es necesario, ya sea a través de grupos de apoyo, terapia familiar o asesoramiento. La ayuda externa puede proporcionar perspectivas valiosas y apoyo emocional.

5. Mantener una Actitud Positiva y Esperanzadora

- **Celebrar el Progreso:** Continuar celebrando los logros y avances del niño, por pequeños que sean. La actitud positiva y el reconocimiento de los éxitos ayudan a mantener la motivación y el optimismo.

- **Planificar el Futuro:** Trabajar en conjunto con profesionales para planificar a futuro y establecer metas a largo plazo. La planificación anticipada y la preparación para los próximos pasos contribuyen a un desarrollo continuo y a una transición exitosa a nuevas etapas de la vida.

Conclusión

El camino para apoyar a un niño con TEA está lleno de desafíos y recompensas. Al aplicar las estrategias y enfoques discutidos en este libro, y al mantener una actitud positiva y adaptable, puedes brindar el mejor apoyo posible a tu hijo. La clave es continuar aprendiendo, ajustando y celebrando cada logro en el viaje. Con dedicación, colaboración y amor, puedes ayudar a tu hijo a alcanzar su máximo potencial y a vivir una vida plena y satisfactoria.

Apéndices • Glosario de términos clave • Recursos adicionales y lecturas recomendadas • Plantillas y herramientas para la evaluación y planificación

Apéndices
Glosario de Términos Clave

Adaptación

Definición: Modificación en el entorno o en las estrategias de intervención para ajustarse a las necesidades específicas del niño con TEA.

Autismo

Definición: Trastorno del desarrollo neurológico caracterizado por dificultades en la comunicación, la interacción social y la presencia de patrones de comportamiento repetitivos o restrictivos.

Intervención Temprana

Definición: Estrategias y servicios proporcionados a niños pequeños con TEA para mejorar sus habilidades y minimizar desafíos futuros. Se enfoca en el desarrollo durante los primeros años críticos de vida.

Plan Educativo Individualizado (PEI)

Definición: Documento diseñado para abordar las necesidades educativas individuales de un niño con TEA en el entorno escolar, que incluye metas, servicios y adaptaciones específicas.

Refuerzo Positivo

Definición: Estrategia que implica proporcionar una recompensa o estímulo positivo para aumentar la probabilidad de que un comportamiento deseado se repita.

Terapia Ocupacional

Definición: Tipo de terapia que ayuda a las personas a desarrollar habilidades para realizar actividades diarias, enfocándose en la mejora de la coordinación, el manejo sensorial y la independencia.

Recursos Adicionales y Lecturas Recomendadas

Libros

- **"The Complete Guide to Asperger's Syndrome"** por Tony Attwood
  - o Una guía integral sobre el síndrome de Asperger, que ofrece información sobre diagnóstico, manejo y apoyo.
- **"Neurotribes: The Legacy of Autism and the Future of Neurodiversity"** por Steve Silberman
  - o Un enfoque histórico y cultural sobre el autismo, explorando cómo se ha entendido y tratado a lo largo del tiempo.
- **"The Autism Spectrum Disorder Workbook for Parents and Professionals: A Practical Guide to Help with Diagnosis and Intervention"** por Jonathan C. E. Davies
  - o Una guía práctica con herramientas y estrategias para padres y profesionales que trabajan con niños con TEA.

Sitios Web

- **Autism Speaks** (www.autismspeaks.org)
  - o Proporciona recursos, información y herramientas para apoyar a las personas con autismo y sus familias.
- **National Autistic Society** (www.autism.org.uk)
  - o Ofrece recursos, guías y apoyo para personas con autismo y sus familias en el Reino Unido.
- **Centers for Disease Control and Prevention (CDC) - Autism Spectrum Disorder** (www.cdc.gov/ncbddd/autism)
  - o Información actualizada sobre el autismo, incluidas estadísticas, diagnóstico y recursos para padres.

Grupos de Apoyo

- **Parent to Parent USA** (www.p2pusa.org)
  - o Conecta a padres de niños con TEA con otros padres que han pasado por experiencias similares.
- **The Autism Society** (www.autism-society.org)
  - o Proporciona apoyo a las familias y promueve la concienciación sobre el autismo a través de eventos y recursos educativos.

Plantillas y Herramientas para la Evaluación y Planificación

1. Plantilla de Plan Educativo Individualizado (PEI)

- **Objetivo General:**
  - o **Descripción del Objetivo:**
  - o **Metas Específicas:**
    - **Meta 1:**
    - **Meta 2:**
  - o **Servicios y Adaptaciones Necesarias:**
  - o **Responsable:**
  - o **Fecha de Revisión:**

2. Formulario de Evaluación del Progreso

- **Nombre del Niño:**
- **Fecha de Evaluación:**
- **Área Evaluada:**
  - o **Habilidades Sociales:**
  - o **Comunicación:**
  - o **Habilidades Académicas:**
  - o **Comportamiento:**
- **Progreso Observado:**
- **Áreas de Mejora:**
- **Recomendaciones para Ajustes:**

3. Lista de Verificación para Manejo de Crisis

- **Descripción del Comportamiento Desafiante:**

- **Acciones Inmediatas a Tomar:**
  - o **Acción 1:**
  - o **Acción 2:**
- **Estrategias de Intervención a Largo Plazo:**
- **Personas Clave para Contactar:**
- **Notas Adicionales:**

4. Plan de Apoyo Familiar

- **Nombre del Miembro de la Familia:**
- **Descripción del Apoyo Necesario:**
- **Recursos y Estrategias Recomendadas:**
  - o **Recurso 1:**
  - o **Recurso 2:**
- **Fecha de Seguimiento:**
- **Notas Adicionales:**

5. Plantilla para Objetivos a Largo Plazo

- **Objetivo a Largo Plazo:**
- **Metas Intermedias:**
  - o **Meta 1:**
  - o **Meta 2:**
- **Acciones Necesarias para Alcanzar el Objetivo:**
- **Recursos Necesarios:**
- **Fecha de Revisión:**

Conclusión del Apéndice

Los apéndices proporcionan herramientas prácticas y recursos adicionales para apoyar a las familias y profesionales en su camino para ayudar a niños con TEA. Desde un glosario de términos clave hasta plantillas útiles y recursos recomendados, estos apéndices están diseñados para ofrecer apoyo continuo y facilitar la planificación y evaluación efectiva. Utilizar estas herramientas puede mejorar la implementación de estrategias, el seguimiento del progreso y la colaboración con profesionales, contribuyendo a un enfoque integral y adaptado a las necesidades individuales del niño.

Reseña de Autor

Losvania Pereyra es una destacada especialista en salud y bienestar, con una pasión particular por el estudio y sus efectos en la calidad de vida. Con más de 15 años de experiencia en el campo de la medicina y la investigación, Pereyra ha dedicado su carrera a ayudar a individuos y comunidades a entender la importancia del descanso adecuado.

Graduada con honores de la Universidad Autónoma de Santo Domingo de Salud y Bienestar, Pereyra ha publicado numerosos artículos científicos en revistas especializadas y ha participado como conferencista en congresos internacionales sobre sueño y salud. Su enfoque integrador combina el rigor científico con un profundo compromiso hacia el bienestar holístico de sus pacientes y lectores.

Además de su labor clínica y académica, Pereyra es autora de varios libros aclamados sobre el sueño y la salud, incluyendo "El Punto 4: Sueño y Descanso", donde explora desde los fundamentos científicos del sueño hasta las prácticas cotidianas para mejorar la calidad del descanso. Su capacidad para comunicar conceptos complejos de manera accesible y motivadora la ha convertido en una voz respetada en su campo.

Como defensora apasionada de la salud preventiva, Pereyra continúa trabajando activamente en proyectos de investigación y educación comunitaria, con el objetivo de empoderar a las personas para que tomen control de su bienestar a través del sueño y hábitos de vida saludables. Su compromiso con la educación y la divulgación la ha llevado a ser reconocida como una líder de opinión en el ámbito de la salud y el bienestar.

Espero que este ebook sea muy útil en beneficio de tu niño.
Autora: Losvania Pereyra
©Losvania Pereyra 2024 All rights reserved
Kindle direct publishing
2024 Editions: Kindle e-book, paperback, Hardcover